KB075010

분실물이 돌아왔습니다

김혜정 장편소설

분실물이 돌아왔습니다

ORIGINALS

추천의 말

폭발적인 가독성을 가진 『분실물이 돌아왔습니다』를 한달음에 읽고 난 뒤 나는 몽글몽글한 감정에 사로잡혔다. 시간을 되돌리고 싶은 욕망은 누구에게나 있을 것이다. 이미 잘 알고 있는 과거를 더 나은 것으로 바꾸고 싶은 마음. 후회했던 일들을 돌이키고 싶은 마음. 이 소설은 성인이라면 누구나 품고 있는 그 욕망을 충족시켜 준다. 기억 저편에 있던 추억과 후회들을 우리 앞에 가져다주며, 그것만으로도 큰 위안이 될 수 있다는 것을 알게 해준다. 기꺼이 미래를 살게 해주는 그런 종류의 위안 말이다.

– **박상영**(소설가)

돌아온 분실물로 시작된 시간 여행에서 소녀가 발견하는 것은 놀랍게도 타인들의 마음이다. 잃어버린 줄도 몰랐던 눈빛들을 다시 마주할 때, 그 눈빛에 비친 자신을 깨달을 때, 아이의 미래는 번복된다. 상실과 후회를 넘어 연결을 꾀하는 이 소설은 아름답지만은 않던 우리의 유년에 따스한 약속을 건넨다. 이제 너는 혼자가 아닐 것이라고. 마침내 너는 네가 마음에 들 것이라고. 나처럼 외롭고 젊은 어른들과 함께 그 약속을 믿어보고 싶다.

-**유지혜**(작가)

차례

첫 번째 분실물: **토토로 필통**

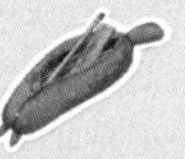

두 번째 분실물: **다이어리**

세 번째 분실물: 가방

네 번째 분실물: 핸드폰

첫 번째 분실물:
토토로 필통

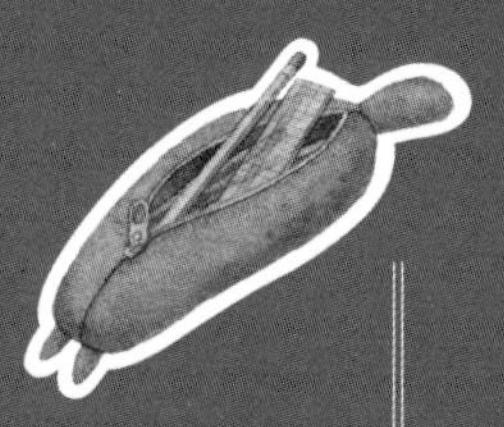

후회는 ____ 사치

“나는 다 잊었어.”

맥주잔을 내려놓으며 라임이 말했다. 맥주잔 겉면에 아직 물기가 맺혀 있다. 맥주 대신 나초를 집어 먹으며 대답했다.

“난 아닌데.”

“계속 생각해서 뭐 해? 열만 받지.”

“그렇긴 하지만.”

나초는 간이 되어 있지 않아 밍밍했고 점원에게 찍어 먹을 소스가 따로 없느냐고 물었지만 없다는 답변만 돌아왔다. 나초는 서비스로 주는 안주라 소스까지 바라는 건 무리다. 새로 나온 마라 맛 치킨은 너무 매워서 손이 가지 않았다. 결국 또 나초를 입에 넣으며 역시나 싱겁다고 생각했다.

"수업료라고 생각하자."

"후우, 무슨 수업료가 60씩이나 되냐?"

내가 한숨을 크게 내쉬며 대꾸했지만 라임은 포크 두 개로 열심히 치킨만 발골 중이다. 맵다면서 치킨 한 입, 맥주 한 모금을 번갈아가며 계속 먹고 있다.

"너는 10만 원이지만 나는 자그마치 60만 원이라고!"

"아, 그렇네."

라임이 헤헤 하고 웃었다. 취기가 어느 정도 올랐는지 양 볼이 붉었다. 저리 열심히 먹고 있는 걸 보니 치킨이 먹고 싶어졌다. 포크로 치킨을 푹 하고 찍어 입으로 가져와 한 입 베어 물었다. 아, 맵다.

자고로 돈은 앉아서 빌려주고 서서 받는다고 했다. 그만큼 빌려준 돈을 받기가 어렵다는 건데 4년 전 나는 그걸 몰랐다. 서서라도 받을 수 있으면 다행이지만 우리에게 돈을 빌려 간 지안 언니는 연락조차 되지 않는다.

나와 라임, 지안 언니는 대학교 영화 동아리에서 7년 전 신입생 때 처음 만났다. 지안 언니는 같은 학번이긴 했지만 삼수를 해 우리보다 나이가 두 살 더 많았다. 지금 생각해보면 그때 지안 언니는 고작 스물두 살이었을 뿐이다. 하지만 스무 살이 보기에 스물두 살은 나이가 많은 것 같았다. 동기인 우리만 언니를 어려워한 게 아니라 선배들도 마찬가지였다. 나이가 같거나 혹은 더 많은 후배라서 그런지 한 학번이나 두 학번 위 선배들도 지안 언니에게 쉽게 말을 놓지 않았다.

"근데 지안 언니 좀 묘하긴 했어."

라임의 말에 나는 고개를 끄덕였다. 지안 언니는 대학생이 쉽게 가질 수 없는 명품 가방과 액세서리를 많이 가지고 있었다. 스포츠카에서 내리는 언니를 봤다는 아이들도 여럿이었다. 그래서 부자 남자친구가 있다거나 모 병원장 세컨드의 딸이라는 소문이 있었다. 언니는 동아리 사람들과 좀처럼 어울리지 않았지만 가끔 모임 후 뒤풀이에 올 때가 있었다. 지안 언니는 말이 별로 없었다. 주로 우리가 하는 이야기를 듣기만 했는데 어쩌다가 언니가 "그렇지", "맞아"라고 말을 해주면 괜히 우쭐해졌다. 마치 좋아하는 담임선생님에게 칭찬을 받는 기분이었다.

4학년 여름방학 때 갑자기 지안 언니에게 연락이 왔다. 언니는 내가 일하는 카페로 찾아왔고 일이 끝날 때까지 나를 기다렸다.

"혜원아, 나 돈 좀 빌려줄 수 있을까?"

하필 알바비를 받아 모아놓은 돈이 있었고 뭐에 홀렸는지 나는 거절하지 못하고는 그걸 탈탈 털어 언니에게 전부 다 빌려주었다.

"너 지안 언니랑 많이 친했어?"

"아니. 그건 아닌데."

"그럼 왜 그렇게까지 적극적으로 돈을 빌려준 거야?"

"그러게. 내가 왜 그랬을까."

친한 사이도 아닌 나한테까지 부탁을 하니 언니가 얼마나 급했으면 그랬을까 싶기도 했고, 다른 사람도 아닌 지안 언니를 모른 척하고 싶지 않았다.

2학기가 시작되었지만 언니는 동아리 모임에 오지 않았다. 그때 알았다. 언니가 학교를 그만두었다는 것과 나 말고도 동아리 사람들에게 돈을 빌렸다는 것을. 전화를 걸었지만 없는 번호라고 나왔고 SNS는 다 탈퇴한 상황이었다. 가장 많은 돈을 빌려준 건 유석 오빠였다. 유석 오빠는 100만 원을 빌려주었다. 나는 두 번째였다.

"여기 500 하나요."

라임이 맥주를 주문했다. 벌써 세 잔째다.

"넌 왜 안 마셔?"

나는 처음 시킨 맥주를 반도 마시지 않았다. 마셔도 취하지 않고 취할 때까지 마시면 술이 깨면서 머리만 아프다.

"이 치킨이 2만 원이야. 물가 왜 이렇게 올랐냐? 그때는 10만 원이 너무 아까웠는데 이제는 치킨 다섯 마리라고 생각하면 조금 위안이 돼."

라임이 이 말을 한 후 새로 나온 맥주를 들이켜더니 "아, 시원해" 하고 또 헤헤 웃었다.

"나는, 나는 서른 마리야. 아직 멀었어."

언젠가 치킨 한 마리가 10만 원인 날이 올까? 그날이 오면 나도 라임처럼 못 받은 돈이 덜 아쉬울까.

"라임아, 지안 언니는 그 돈 갖고 뭐 했을까? 정말 그 돈 때문에 우리랑 다 연락을 끊은 걸까?"

동아리 사람들에게 빌려 간 돈을 따져보니 300만 원이 넘었다. 많다면 많은 돈이고 적다면 적은 돈이기도 했다.

"몰라. 그 나쁜 년."

라임이 오른 주먹을 탁자 위로 탕탕 내리쳤다. 다 잊었다느니 수업료라느니 치킨 다섯 마리라느니 할 때는 언제고 불쾌한 얼굴로 씩씩댔다. 60만 원은 아쉬운 돈이지만 이상하게 지안 언니가 밉지는 않다. 하지만 이 말을 라임에게 한다면 속도 없다며 뭐라고 한마디 하겠지.

"그만 가자. 내일 출근해야지."

가방을 집은 라임이 살짝 비틀거렸다. 치킨과 맥주 값이 4만 9,500원이 나왔다. 라임과 나는 각각 카드를 내밀며 반반씩 결제해달라고 했고 조금 뒤 2만 4,750원이 결제되었다고 핸드폰 알림이 왔다. 나는 맥주를 한 잔밖에 안 마셨지만 라임은 네 잔이나 마셨다. 치킨도 라임이 거의 다 먹었는데. 돈을 반반 내는 건 어쩐지 공평하지 않다는 생각이 들지만 그걸 말할 수는 없다.

"넌 늦게 출근해서 좋겠다."

가게를 나서며 라임이 말했다. 나는 내일 두 시까지 학원으로 가면 된다.

"대신 퇴근이 늦잖아."

"하긴."

라임이 또 헤헤 하고 웃었다. 밤 열 시에 퇴근하기 때문에 출근하는 날에는 친구를 만나기도 어렵다. 물론 만날 친구가 라임밖에 없긴 하지만.

라임이 버스를 타고 간다고 해서 정류장 앞에서 헤어졌다. 지하철역 쪽으로 걸어가는데 갑자기 사람들이 많아졌다. 아직 막차까지는 시간이 남았지만 오늘은 일요일이다. 일요일에는 다들 늦게까지 거리에 있지 않는다.

계단을 내려가며 핸드폰을 열었는데 배터리가 간당간당했다. 집에서 나올 때만 해도 가득 충전되어 있었는데 벌써 다 닳았다. 3년을 넘게 써서 그런지 요즘 핸드폰 배터리가 너무 빨리 닳는다. 하루에도 충전을 두세 번은 해야 하고 인터넷도 너무 느리다. 60만 원이면 핸드폰을 바꿀 수 있을 텐데. 으으, 그때 왜 빌려준 거야! 그 60만 원이 뭐라고. 지안 언니를 못 받은 돈 60만 원으로 기억하고 싶지는 않은데.

뭐 후회되는 일이 그것만 있는 건 아니다. 한번 후회하기 시작하면 후회들이 고구마 뿌리에 달린 열매들처럼 우르르 올라올 거다.

개찰구 옆에 전신 거울이 있었다. 그 앞을 지나가는데 거울 속 내가 물었다.

'후회돼?'

고개를 저었다. 후회가 돌아가고 싶은 거라면 나는 절대 후회 안 해. 지금 나는 앞으로 나아가는 것만으로도 너무 벅

차거든.

일요일이라 지하철 배차 간격이 길었다. 도통 마음에 드는 게 아무것도 없다. 한참을 의자에 앉아 있었고 지하철이 도착한다는 안내 방송이 나온 후에야 일어나서 탑승구 쪽으로 걸어갔다.

가까스로 두 시 직전에 학원에 도착했다. 아침에 일찍 일어나는 건 예나 지금이나 여전히 힘들다. 그래도 출근 시간이 늦으면 여유가 있을 줄 알았는데 웬걸. 늦게 집에 오면 늦게 자게 되고 또 늦게 일어난다. 당연한 결과다. 늦게 자는데 어찌 일찍 일어나랴. 열한 시쯤 일어나 씻고 아침 겸 점심을 먹고 준비하다 보면 금방 열두 시가 넘는다. 집에서 학원까지는 한 시간이 넘게 걸린다.

내가 일하는 학원은 중·고등학생들이 다니기에 첫 수업이 네 시지만 관리팀 업무는 두 시에 시작한다. 강사와 학생을 모두 관리하는데 한마디로 모든 뒤치다꺼리를 한다고 보면 된다. 강의실에 필요한 물품을 사다 놓는 일부터 학원비 납부 안내 문자 보내기, 보강 스케줄 잡기, 셔틀 시간 조정하기 등 원장이 시키는 잡다한 일을 다 한다. 강사를 할 때보다 일하는 시간은 늘고 월급은 줄었지만 학생들을 직접 대하지 않아도 된다는 점에서 이 일이 더 낫다.

대학 졸업 후 임용 고시를 준비하면서 학원 강사 일을 2년 넘게 했다. 임용 고시를 포기한 건 학생들에게 질린 이유가 크다. 선배들은 그래도 학생들이 귀엽다고 했지만 난 정이 하나도 가지 않았다. 아이들을 보고 있으면 특별한 사건이 없어도 숨이 턱턱 막혔다. 내가 학교 선생님이 아니어서 무시하고 있나 싶다가도, 저 아이들은 학교에서도 크게 다르지 않을 것 같았다. 학생들 가르치는 것만 아니면 뭐든 할 수 있을 것 같다는 데까지 생각이 미쳤다. 그래서인지 올해 초 네 번째 불합격 소식을 받았을 때 담담했다. 어쩌면 합격하기 어렵기에 지레 포기하고 핑계를 대고 있는 걸까? 가르치는 일이 적성에 맞지도 않고 별로 하고 싶지 않다고 말했더니 라임은 내게 그럼 임용에 붙어도 학교로 출근하지 않을 거냐고 물었다. 나는 아니라고 말하지 못했다. 임용은 내게 있어 '여우의 신 포도'다.

언제까지 집에서 놀 수도 없어서 구직 사이트에 들어갔더니 학원 관리직 공고가 있었고 어쩌다 보니 이곳에서 일하게 되었다.

"참, 혜원 샘. 분실물, 혜원 샘이 관리하지? 아까 교실 정리하다가 이거 주웠거든."

이미정 선생님이 다이어리 한 권을 내게 내밀었다. 받아보니 겉에는 이름이 쓰여 있지 않고 대충 넘겨보니 빼곡하게 학원 스케줄과 해야 할 일이 적혀 있었다. 원래 분실물은 사무실에 모아두었는데 찾아가지 않는 물품이 너무 많아 2층 휴게실에 분실물 함을 따로 만들었다. 거긴 수업을 듣는 학생들이 한 번쯤 오간다.

다이어리 안쪽을 다시 살펴보는데 이름 쓰는 칸에 동글동글한 글씨로 '2월'이라고 적혀 있다.

"어? 여기 2월이라고 이름이 쓰여 있는데요?"

"2월이 무슨 이름이야?"

하긴. 나는 이미정 선생님에게 받은 민트색 다이어리를 들고 2층 휴게실로 왔다. 분실물 함에는 필통부터 시작해서 텀블러, 겉옷까지 늘 있던 물품들이 그대로 있다. 중요하지 않은 물품이라 찾으러 오지 않는 건가? 아니면 잃어버린 줄 모르고 있을지도.

사무실로 돌아왔는데 이미정 선생님이 나를 불렀다. 오늘은 박윤경 선생님이 쉬는 날이라 이미정 선생님과 둘이 근무

한다. 학원 관리를 하는 건 세 명인데 주말에도 학원 문을 열기 때문에 평일에 나흘, 주말에 하루씩은 근무해야 한다. 그래서 돌아가면서 쉬는 날을 정했고 나는 수요일과 일요일에 쉰다.

"혜원 샘, 미납 연락 좀 돌려줘."

관리 사이트로 들어가니 이번 달 학원비 납부 여부가 떴다. N이라고 적힌 학부모의 전화번호를 따로 정리한 다음 웹사이트를 이용해 단체 문자를 보냈다.

여름방학 특강 교재를 발주하기 위해 인쇄소에 보낼 메일을 쓰고 있는데 학원 전화가 울렸다.

"아이탑클래스 학원입니다."

"조금 전에 미납 문자 보냈죠?"

상대는 화가 잔뜩 난 목소리다.

"내가 오늘 아침에 학원 계좌로 입금했어요. 그런데 이게 뭐야? 내가 돈 떼어먹을 사람처럼 보여요?"

"아, 죄송합니다. 미납 정보를 어제 자로 확인하고 문자를 보낸 거여서요."

"우리 애가 그 학원 3년째 다니고 있어. 근데 날 뭐로 보고 그래? 진짜 기분 나쁘네."

연신 죄송하다고 사과했지만 상대는 계속 자기를 뭐로 보고 그랬냐는 말을 반복하며 화를 냈다. 뭐로 보긴. 입금은 Y고 미입금은 N이다. N으로 봤을 뿐이다. 그 이상 그 이하는 없다. 다른 가치 판단은 들어가지 않는다. 하지만 전화를 끊지 않고 계속 분노를 표출해대니 전화를 건 학부모가 신상처럼 느껴졌다.

한참 더 화풀이를 쏟아낸 후에야 상대는 전화를 끊었다. 욕을 물질로 만들 수 있다면 지금 그걸 뒤집어쓴 것 같다. 슬라임처럼 끈적하고 축축해서 잘 떨어지지 않는다. 강사를 할 때는 학생들이 싫어졌는데 이젠 어른도 싫다. 그냥 사람이 다 싫다.

이미정 선생님이 고개를 내밀고 무슨 일이냐고 물어 간단하게 사연을 이야기했다.

"그러게, 똑바로 좀 하지 그랬어."

이미정 선생님이 그 말을 한 후 다시 자기 모니터로 고개를 돌렸고 슬라임은 내 몸에 더 달라붙었다. 나는 여기에 왜 있는 거고 언제까지 있어야 하는 걸까. 이건 내가 바란 삶이 아닌 것 같은데. 아니, 애초에 바라는 게 딱히 있지도 않았다. 그냥저냥 살다 보니 여기에 와 있었다.

다시 정신 차리고 일을 하려고 하는데 핸드폰 진동이 연신 울리면서 액정에 모르는 번호가 떴다. 광고라고 나오지는 않았지만 받지 않았다.

무시한 채 일을 하는데 다시 전화가 왔다. 아까 그 번호다.

사무실에 계속 앉아 있으려니 답답해 전화도 받을 겸 잠시 바깥으로 나왔다.

"여보세요."

"동잠초 2학년 5반 17번 유혜원 학생이죠?"

"네?"

"유혜원 학생 아니에요?"

"맞긴 한데요."

내가 유혜원도 맞고 동잠초등학교를 졸업한 것도 맞고 2학년 때 5반이었던 것도 맞다. 번호까지는 기억나지 않는다.

"필통 잃어버렸죠? 누가 회색 너구리 필통을 주웠다고 우리 가게에 놓고 갔어요. 거기 이름이 적혀 있어서요."

옛날에 잃어버렸던 토토로 모양 필통이 떠올랐다.

초2로 ____ 돌아가다

이 동네에 온 건 12년 만이다. 중학교 2학년 때 이사를 간 이후 이곳에 온 적이 없다. 지금 사는 곳에서 차를 타고 30분이면 오는 곳이지만 그동안 올 일이 없었다. 학교 앞 상가는 그대로였지만 1층 가게는 부동산과 슈퍼마켓을 빼고 다 바뀐 듯하다.

여기 카페가 어디 있다는 거지? 필통을 보관하고 있는 곳은 카페라고 했다. 전화를 건 사람은 초등학생 아이가 필통을 주워서 가져다 놓았다고 알려주었다.

웬일인지 오늘은 평소와 다르게 일찍 눈이 떠졌다. 다시

잠을 자려고 했지만 잠이 오지 않았고 딱히 할 일도 없고 해서 학원에 가기 전에 이곳으로 왔다. 토토로 필통은 내가 정말 아끼던 거였으니까.

초등학교 입학 기념으로 막내 이모가 일본 여행을 다녀오며 토토로 필통을 사다 주었다. 그때는 애니메이션을 보기 전이었지만 한눈에 토토로 필통에 반해버렸다. 통통하고 귀여운 토토로와 사랑에 빠지지 않는 게 더 어려운 일이었고 나는 그 필통을 무척이나 좋아했다. 2학년이 되어서도 그 필통을 들고 다녔는데 어느 날 잃어버리고 말았다. 집에 와서 가방을 열었는데 토토로 필통이 보이지 않았다. 다음 날 학교에 가서 교실뿐만 아니라 분실물 함, 도서관을 다 찾아다니고 피아노 학원까지 갔지만 찾지 못해 얼마나 속상했는지 모른다. 필통을 못 찾아 엉엉 울자 엄마는 그러기에 왜 간수를 잘 하지 못했냐며 혼을 냈다. 내가 일부러 버리고 온 것도 아닌데. 내 잘못이긴 하지만 내 잘못이 아니었는데.

코너를 돌아가니 '도도 카페'가 나왔다. 여긴 예전에 문방구였다. 학교 준비물뿐만 아니라 스티커, 팬시 지우개 등 모든 것을 그곳에서 샀는데 주인 할머니가 좀 무서웠다. 물건을 들어서 보려고 하면 아무거나 만지지 말라며 호통을 쳤다. 아이들이 물건을 훔쳐 갈까 봐 주인 할머니는 시선이 닿지 않는 구석에 거울을 붙여놓았고 물건을 사러 온 아이들을 그 거울로 살폈다. 지금은 카페로 바뀌었나 보다.

카페 문을 열고 들어가 보니 손님은 없었고 카운터 앞에 점원만 있었다. 문방구 자리가 크지 않았는지 테이블은 네 개가 다였다. 문방구에 물건이 많이 쌓여 있어서 초등학생 시절에는 이 공간이 아주 크다고 생각했는데 아니었다.

"필통 분실물 전화 받고 왔는데요."

"아, 네."

점원이 몸을 숙여 서랍을 열더니 토토로 필통을 꺼냈다.

"이거 맞으시죠?"

"네."

내 토토로가 맞다. 나는 토토로 필통을 점원에게 건네받았다. 보슬보슬한 느낌이 그때 그대로다. 토토로는 등 쪽에 지퍼가 있고 배 쪽이 평평해 배를 아래로 두는 모양이었지만, 하얀색인 배에 때가 탈까 봐 꼭 등 쪽을 아래로 해서 필통을 세워두었다. 하지만 1년을 넘게 쓰다 보니 때가 탔다. 지퍼 옆에 갈색 네임펜 얼룩도 그대로다. 필통은 내가 생각한 것보다 더 때가 타 있었다. 그때는 필통을 빨아서 쓸 생각을 하지 못했다.

필통을 열어보니 안쪽에 내 이름과 두 개의 학년, 반이 적혀 있다. 크게 1학년 6반이라고 적은 데 X표를 친 후 위에 2학년 5반 17번이라고 다시 적었다. 필통 안에는 연필과 지우개, 자까지 들어 있다.

점원에게 감사 인사를 한 후 카페에서 나왔다.

토토로 필통을 든 채 걷는데 뭔가 이상하다. 필통에는 내 전화번호가 적혀 있지 않은데 어떻게 내게 연락을 한 거지? 초등학교에 물어보면 졸업생 정보도 알려주나? 그건 개인 정보라 알려주면 안 될 텐데. 어떻게 내 연락처를 알았는지 물어봐야겠다.

발길을 돌려 다시 카페로 갔는데 카페가 보이지 않았다. 카페 자리에는 '동잠 문방구'가 있었다. 어? 조금 전까지 여긴 카페였는데. 카페는 옆이었나?

문방구 옆에는 안경점이 있다. 아깐 편의점이었는데. 문방구 앞으로 다시 갔다. 문방구 문을 열고 들어가 보니 주인 할머니가 있다. 옛날 그 주인 할머니다. 양 볼살이 길게 축 늘어져 아이들은 불도그 할머니라고도 불렀다.

"학교 벌써 끝났어?"

의자에 앉아 있는 할머니와 내 시선이 평행하다. 서 있는 내가 내려다보고 있어야 하는데.

"뭐 사러 왔어?"

"그게, 저기……."

목소리가 이상하다. 노보로 필통을 들고 있는 내 손도 왜 이리 작은 거지? 고개를 숙여 옷을 봤다. 아침에 베이지색 트렌치코트를 입고 나왔는데 이 분홍색 점퍼는 뭐지?

얼핏 문방구 벽면에 붙어 있는 거울이 보여 그쪽으로 달려갔다. 거울 앞에는 초등학생 아이가 서 있다. 어? 쟤는 누구지? 많이 보던 아이인데.

맙소사, 거울 앞에 서 있는 건 바로 초등학생이었던 나였다.

"얘, 괜찮니?"

주인 할머니가 바닥에 주저앉은 내 쪽으로 다가왔다.

"너 왜 그래? 어디 아파?"

나는 고개를 저었다. 아픈 건 아니니까. 아니다. 어쩌면 내가 아픈 게 아닐까? 그래서 착각을 하는 건지도 모른다. 고개를 빼내어 다시 거울을 보니 여전히 초등학생 아이가 있다. 거울이 잘못된 건가 싶었지만 내 옆에 서 있는 주인 할머니는 내가 눈으로 보는 것과 똑같이 비쳤다.

바닥에 떨어진 토토로 필통을 집어 들고 일어선 후 서둘러 문방구 바깥으로 나왔다.

주변을 둘러봤다. 여긴 어디지? 아까 걸어올 때와 비슷한 것 같지만 어딘가 다르다. 오래된 간판과 가게들. 길 건너 편의점은 지금은 사용하지 않는 브랜드다. 패밀리마트라니. CU로 바뀐 지 한참 되었는데.

손바닥을 펼쳐 뺨을 탁탁 내리쳤다. 아프지 않았다. 더 세게 때렸다. 이제 조금 아프다. 내 손도 작고 뺨도 작고 몸도 작다. 설마 내가 과거로 온 건가? 도대체 언제로 온 거지? 그래, 날짜를 확인하면 돼.

주머니에 손을 넣어 핸드폰을 찾았지만 없다. 내가 핸드폰을 처음 산 건 중학생 때였다.

하는 수 없이 다시 문방구로 들어갔다. 주인 할머니는 왜 또 왔냐는 눈빛이다.

"저기, 할머니. 오늘 몇 월 며칠이에요?"

"5월 10일이지."

"몇 년도예요?"

나는 다시 물었다.

"몇 년도이긴. 2005년이지. 그것도 몰라?"

2005년이면 18년 전으로 내가 초등학교 2학년 때다. 토토로 필통을 잃어버린 게 2학년 이맘때다.

문방구에서 나와 멍하니 서 있었다. 이건 내 꿈일까? 아니면 환상? 과거로 돌아가다니 도저히 말이 안 된다. 내 앞을 지나가고 있는 저 사람들은 진짤까? 지나가는 사람 아무한테나 다가가 팔을 잡았다.

"왜 그러니?"

아줌마가 놀라서 물었고 나는 아무것도 아니라며 도망쳤다. 진짜 사람이 맞았다.

어디를 갈까 하다가 우선 상가 화장실로 들어갔다. 빈칸으로 들어와 변기에 앉은 후 토토로 필통 지퍼를 열어 안을 살폈다. 연필과 지우개, 자가 보일 뿐 별다른 건 없다. 등에 메고 있는 가방을 앞으로 돌린 후 무릎 위에 올렸다. 가방 안에는 2학년 교과서와 노트, 물통이 있다. 2학년으로 돌아온 게 맞구나.

손바닥을 펼쳐 마른세수를 했다. 어떡하지? 토토로 필통을 괜히 찾으러 왔다. 그게 뭐라고. 이게 말이 되나? 아홉 살로 돌아간다는 게? 차라리 내 정신이 나간 거면 좋겠다. 그래, 이건 착각이고 원래대로 정신을 차릴 수 있을 거야.

한참을 앉아 있었지만 내 몸은 그대로다. 언제까지 화장실에 앉아 있을 수는 없었다. 게다가 오래된 화장실은 냄새도 고약했기에 그곳에서 나왔다.

이제 나는 어디로 가야 하지? 이제 곧 출근 시간이지만 이 몸으로 학원에 출근을 할 수 없다. 아니지. 여긴 2005년이라 학원에 갈 필요가 없다. 그럼 집으로 가야 하나? 그럼 어느 집으로 가야 하는 거야? 지금 살고 있는 집은 여러 번 이사한 후의 집이다.

초등학교 2학년 때 살던 집을 향해 걸어갔다. 동과 호수가 잘 기억나지 않았지만 아파트 단지 안으로 들어가니 위치가 기억났다. 그래, 정문을 들어가자마자 왼쪽에 있는 곳이었어. 103동! 그때 4층에 살아서 엘리베이터가 늦게 오면 계단을 걸어서 오르내렸다.

403호 현관문 앞에 도착했다. 비밀번호가 뭐였더라? 이건 잘 기억이 나지 않는다. 주로 가족 중 누군가의 생일로 정했던 것 같은데. 내 생일을 눌렀지만 아니다. 아빠와 오빠 생일 역시 마찬가지였다. 그러면 엄마 생일? 띠리리 하며 잠금이 해제되었다.

문을 열고 집 안으로 들어서며 "엄마!" 하고 불렀지만 조용하다. 2학년 때 엄마는 회사에 다녔다. 현관에 신발들이 여러 개 나와 있다. 엄마 운동화와 아빠 구두, 오빠와 내 실내화다. 엄마는 매일 신는 신발을 제외하고 넣어두라고 했지만 우리는 말을 듣지 않았다. 엄마 운동화도 나와 있는 걸 보면 엄마도 마찬가지다.

거실에 베이지색 가죽 소파가 있는데 아직은 상태가 괜찮아 보인다. 언제였더라. 인조가죽이라 나중에는 다 벗겨져 가루가 폴폴 날려서 버렸는데.

주방을 지나 안쪽에 있는 내 방으로 들어왔다. 벽 쪽에 침대가 붙어 있고 그 옆에 책상이 놓여 있다. 이 침대와 책상은 지금도 쓰고 있다. 가방을 내려놓고 점퍼만 벗은 채 침대에 그대로 발라당 누웠다. 자고 일어나면 다시 원래대로 돌아가 있을지도 모르니까.

자고 있는데 누군가 나를 깨웠다.

"유혜원. 혜원아, 일어나봐."

"엄마?"

엄마 목소리에 손으로 눈을 비비며 일어났다.

"나 회사 늦었어?"

"얘가 무슨 헛소리야?"

그때 내 방으로 한 사람이 엄마를 부르며 들어왔다.

"엄마, 왜 못 하게 하는데? 10분만 한다니까."

저 애는 누구지?

"안 된다고. 평일에는 게임 못 한다고 했지!"

엄마가 고개를 돌려 아이에게 화를 냈다.

"아, 왜? 다른 애들은 다 한다고."

"다른 애들 누구? 누가 하는데?"

아이가 "에이씨" 하고 내 방에서 나가자 엄마도 "유지원, 너 말버릇이 그게 뭐야?"라고 소리치며 아이를 따라 나갔다. 유지원? 재가 내 오빠라고? 아…… 아직 나는 돌아가지 못했나 보다.

침대에서 일어나 거실로 나가 보니 엄마는 오빠를 혼내고 있다. 지금도 게임이라면 정신을 못 차리는데 어릴 때부터 저랬구나. 이대로 나는 아홉 살 세계에 갇히는 걸까? 어떻게 해야 돌아갈 수 있는 거지? 한숨을 푹푹 내쉬고 있는데 갑자기 엄마가 고개를 내 쪽으로 홱 돌렸다.

"유혜원, 너는 오늘 피아노 왜 빠졌어?"

"피아노?"

하 참, 지금 이 상황에 피아노 학원이 뭐가 중요할까. 원래대로 돌아가지 못하면 어쩌나 걱정되어 죽겠는데 내 사정을 모르는 엄마는 말도 없이 학원에 가지 않은 걸로 끊임없이 호통쳤다. 엄마 뒤에 서 있는 오빠가 나를 향해 혀를 날름 내밀었다. 오빠라는 저 애는 심란해서 미치겠는 내 속을 긁어 댔다. 꽉 쥔 주먹을 아래로 바짝 당겼다. 어휴, 저걸 때려줄 수도 없고.

"지난주에도 빠지더니 왜 또 빠져? 학원 그만둘 거야?"

"그러지 뭐. 그깟 학원이 뭐라고."

머리가 지끈거려 아무렇게나 대답했다.

"뭐?"

엄마가 소리를 버럭 질렀고 나는 순간 움찔했다. 여기서 엄마 심기를 더 건드리면 한참 더 잔소리를 들어야 한다. 학원비가 얼마인 줄 아느냐에서 시작해서 기본 생활 습관이 중요하다는 것까지 잔소리의 범위는 아주 방대하다. 안 그래도 머리가 아픈데 엄마와 말씨름할 때가 아니다. 우선 둘러대고 방으로 가서 좀 쉬어야겠다. '아, 몰라' 식으로 말하면 엄마의 화만 돋울 뿐이다. 우선 슬픈 표정을 지었다. 어른들은 아이들의 슬픈 표정에 약하다.

“엄마, 흥분을 가라앉히고 내 말 좀 들어봐. 아까 학원에 가려는데 배가 너무 아픈 거야. 전화 빌릴 데가 없어서 엄마한테 말 못 한 거고. 집에 와서 누워 있다가 그대로 잠들었어, 나도 모르게.”

나는 천천히 조리 있게 말했고 엄마의 화가 조금씩 누그러지는 게 눈에 보였다.

“미안해, 엄마. 말 못 해서. 앞으로는 학원 안 빠질게.”

엄마는 그럼 지금은 배가 아프지 않으냐고 물었고 괜찮아졌다고 대답했다.

엄마와 아빠, 오빠, 그리고 나까지 네 명이 모여 저녁을 먹었다. 네 명이 함께 저녁을 먹은 게 얼마 만인지 모른다. 지금 충주에 있는 오빠는 한 달에 한 번 집에 올까 말까 하니까.

고개를 들어 엄마와 아빠를 흘끔 봤다. 낯설 만큼 젊었다. 두 분 다 염색을 하지 않아도 될 만큼 흰 머리카락이 없고 주름도 별로 없다. 근데 왜 이렇게 인상을 쓰고 있는 거지? 중학생 때가 아니라 이때부터 집에 문제가 있었던 걸까?

밥을 다 먹은 후 컵에 물을 따르고 있는데 오빠가 쏙 뺏어가더니 대신 마셨다. 내 약을 올리려고 하는 것 같은데 오빠

장단에 맞춰주고 싶지 않다. 왜 내 물을 뺏어 먹느냐고 소리를 지르며 쫓아가면 오빠는 나 잡아봐라 하며 도망치겠지.

"재밌냐?"

내가 반응을 하지 않자 오히려 오빠가 당황했다.

"적당히 좀 해라."

나는 쯧쯧 혀를 차며 방으로 들어왔다.

어떻게 하면 원래대로 돌아갈 수 있을까 궁리하고 있는데 엄마가 방으로 들어왔다. 엄마는 책상 위에 있는 학습지를 가리키며 풀라고 했다. 내가 이거나 풀고 있을 때가 아닌데. 엄마가 쳐다보고 있어 하는 수 없이 책상 앞에 앉았다.

펼쳐 보니 아주 쉬웠고 단숨에 답을 채워 넣은 후 엄마에게 검사를 맡았다. 엄마는 이렇게 빨리 풀 수 있는데 그동안 왜 그렇게 징징거리며 미루었느냐고 뭐라고 했다. 하여튼 잘해도 문제다.

아직 밤 열한 시도 되지 않았는데 졸리다. 열한 시 이전에 잔 게 언제였는지 기억도 안 나는데. 나는 왜 돌아온 걸까? 어떻게 하면 다시 원래대로 돌아갈 수 있는 거지? 그런데 왜 이렇게 졸린 거야. 졸리다. 졸리…….

슬기로운 ___ 학교생활 1

초등학교 교실은 생각보다 훨씬 더 작았다. 그때는 이렇게 작은 줄 몰랐는데 교실도 작고 책상도 작고 의자도 작고 반 아이들도 작다.

교실 뒷문을 연 채 한참을 서 있었다. 2학년 5반까지는 찾아왔지만 자리가 어딘지는 도통 기억나지 않는다. 빈자리가 나오면 내 자리일 확률이 높아 교실 뒤쪽에서 서성거리는데 아직 오지 않은 아이들이 있어 빈자리가 많았다.

"혜원아, 왜? 왜 안 앉아?"

교탁 옆 큰 책상에 앉아 있던 담임선생님이 물었다. 2학년 담임선생님은 지금 내 나이 또래의 여자다. 그때는 인지하지 못했는데 새삼 일찍부터 선생님으로 일을 시작하셨다는 생각에 묘한 기분이 들었다. 선생님에게 내 자리가 어디냐고 물어보긴 좀 그렇다.

"책상 위에 벌레가 있어서요."

"그래?"

담임선생님이 일어나 2분단 쪽으로 걸어갔다. 2분단 중간에 있는 책상을 살핀 선생님은 책상 위에 아무것도 없다고 말했다.

나는 선생님이 서 있던 곳으로 가서 앉았다. 책상과 의자가 작아 보였지만 내 몸도 작아서 괜찮았다.

지금 내가 여기에서 뭘 하고 있는 거지? 아침에 눈을 떴을 때 모든 게 꿈이기를, 그래서 원래대로 돌아가 있기를 바랐다. 하지만 아홉 살인 상태 그대로였고 엄마는 또 늦겠다며 빨리 일어나 학교에 가라고 성화였다. 이 몸을 하고 갈 만한 다른 데도 없었다.

"자, 1교시에는 나의 장점에 대한 글쓰기를 해볼 거예요. 장점은 내가 잘하는 것을 이야기해요."

선생님 말씀을 듣는 둥 마는 둥 하며 책상 위에 올려놓은 토토로 필통을 이리저리 살펴봤다. 여기 버튼 같은 게 있는 걸까? 그걸 누르면 원래대로 돌아갈 수 있을지도 모른다. 손가락으로 꾹꾹 눌러보며 찾았지만 버튼 같은 건 없다.

"아, 돌아버리겠네, 진짜."

혼잣말을 하며 양 손가락으로 머리카락을 마구 헝클어트리고 있는데 내 앞자리에 앉은 남자애가 선생님께 내가 욕을 했다며 일렀다. 이게 무슨 욕이라고? 얘는 진짜 욕을 못 들어봤나?

"교실에서 나쁜 말 쓰지 않아요. 딴짓하지 말고 얼른 쓰세요."

선생님이 나를 바라보며 말했다. 얼른 쓰고 원래대로 돌아갈 방법을 찾아봐야겠다.

근데 내 장점이 뭐였더라? 공부를 잘하지 않았는데. 그림도 그다지 잘 그리지 않았고. 피아노 치기? 아직 바이엘인걸. 내가 좀 착하다고 칭찬을 들었던 거 같은데.

-저는 배려를 잘합니다. 배려는 다른 사람을 잘 도와주는 겁니다. 저는 친구들에게 양보를 잘합니다. 친구가 준비물을 가져오지 않으면 빌려줍니다. 과자도 같이 나눠 먹습니

다. 엄마, 아빠 심부름도 잘합니다. 오빠는 안 하지만 저는 부모님이 시키는 걸 합니다.

뭐야? 다 쓰고 봤더니 이게 과연 장점인가 싶다. 완전 호구네, 호구. 당장이라도 종이를 구겨버리고 싶지만 시간이 다 되어 그대로 글쓰기를 제출했다.

1교시를 마치는 종이 울렸고 선생님은 교실 앞쪽을 가리키며 우유를 가져가라고 말했다. 아이들은 자기들끼리 떠들고 장난을 치느라 바빴다. 선생님이 "우유 가져가세요!" 하고 큰 소리로 다시 말했다.

아이들이 우르르 앞으로 몰려 나갔고 나도 그 틈에 끼어 우유를 가져왔다. 아이들이 우유갑 위에 네임펜으로 이름을 적었다. 아, 기억난다. 우유를 먹었는지 확인할 수 있도록 초등학교에 다니는 내내 적었지. 나도 '유혜원'이라고 썼다.

우유갑을 열어 꿀꺽꿀꺽 마셨다. 늦게 일어나서 아침을 먹는 둥 마는 둥 해 배가 고팠는데 우유라도 마셨더니 좀 낫다. 주변을 둘러보니 우유가 먹기 싫은지 그대로 들고 있는 아이들이 많았다. 하긴 나도 초등학생 때 우유를 잘 마시지 않았다. 우유를 마시면 속이 느글느글했다. 뭐 지금은 라테 아니면 커피를 마시지도 않지만.

빈 우유갑을 반납하기 위해 일어났다.

"너 벌써 다 마셨어?"

옆자리에 앉은 여자애가 물었고 나는 고개를 끄덕였다. 저 아이 이름이 뭐였더라. 기억이 나지 않았다. 그 애 책상에 놓인 국어 교과서 위에 '우연제'라고 적혀 있다. 연제는 우유가 먹기 힘든지 인상을 쓰고 있다. 우유갑 입구가 깨끗한 걸 봐서는 아예 입도 안 댄 듯하다. 우유를 남기면 혼이 났다.

"내가 마셔줄까?"

내 물음에 연제가 눈을 동그랗게 뜨며 그렇게 해줄 수 있느냐고 물었다. 나는 연제가 들고 있는 우유를 얼른 가져와 그것도 다 마셨다.

"정말 고마워."

연제가 내 귀에만 들릴 수 있을 정도로 작게 말했다. 연제는 내가 목숨이라도 구해준 듯한 표정을 짓고 있었다.

점심시간에도 나는 잔반이 없다는 이유로 담임선생님에게 칭찬받았다. 이런 걸로 다 칭찬을 받다니. 지금은 시금치나 고사리를 잘 먹지만 어릴 땐 잘 먹지 못해서 먹기 싫은 걸 억지로 입에 넣고 씹지도 않고 꿀꺽 삼켰다. 나는 오늘 맛있는 반찬이 뭐가 나올까 기대하기보다는 먹기 싫은 반찬이 나올까 봐 조마조마한 어린이였다.

급식을 먹고 교실로 돌아왔는데 5교시 시작까지 아직 15분이나 남아 있었다. 남자아이들은 종이 팽이를 돌리며 놀고 있고 여자아이들은 그림을 그리거나 수다를 떨고 있다. 어딘가에 원래 내가 있던 곳으로 돌아가게 할 버튼이 있을 수도 있기에 교실 곳곳을 둘러봤다.

뽐내기 판부터 사물함까지 보고 있는데 어떤 여자아이가 내 앞에 섰다. 얘는 또 누구였더라.

"마이쮸 가져왔어?"

"어?"

생각났다! 김슬아. 2학년 때 내가 가장 좋아했던 동시에 가장 미워했던 아이. 다른 아이들 이름은 가물가물하지만 김슬아만큼은 확실하게 기억한다.

"안 가져왔는데."

"뭐야? 오늘 가져온다고 했잖아."

슬아가 쏘아붙였다.

"내일 꼭 가져와. 알았지?"

명령하듯 말해 나도 모르게 고개를 끄덕였다. 아홉 살 아이한테 쫄다니 한심하다, 한심해.

오늘은 피아노 학원에 빠지지 않고 갔다. 학교 끝나고 딱히 갈 곳도 없고 오늘도 학원에 빠지면 이때 엄마가 잔소리 폭탄을 던질 거다. 나의 최종 피아노 경력은 체르니 30번이었기에 바이엘 4권은 쉬웠다. 몸은 2학년이 되었지만 기억은 그대로다.

피아노 레슨이 끝나고 이론 공부를 하려고 긴 탁자에 앉았는데 김슬아가 오더니 내 옆에 쓱 앉았다. 우리는 같은 피아노 학원도 다녔다. 김슬아는 아주 당연한 듯 내 토토로 필통을 가져가 제멋대로 열더니 안에 든 걸 하나씩 꺼내서 보고는 도로 넣었다.

"별거 없네."

아, 또 기억났다. 김슬아는 내 걸 자주 달라고 했다. 팬시 스티커도 달라고 했고 예쁜 지우개가 달린 연필도 달라고 했다. 말이 달라고 하는 거지 거의 뺏어 간 거나 다름없다.

이론 수업이 끝난 후 김슬아가 놀이터에서 놀다 가자고 했지만 싫다고 거절했다. 김슬아는 하나도 반갑지 않을뿐더러 놀이터에 가서 놀 기분도 아니다.

"뭐야? 놀다 가자니까."

재는 왜 자꾸 나한테 명령이야. 안 그래도 머리 아파 죽겠는데 저 애까지 눈앞에서 알짱거리니 피로도가 확 올라갔다. 아까는 본능적으로 주눅이 들었지만 고작 아홉 살 아이한테 휘둘릴 내가 아니다.

"놀고 싶으면 너나 실컷 놀아."

내 대답에 김슬아는 조금 놀란 눈치였다. 김슬아를 뒤로한 채 먼저 피아노 학원을 빠져나오는데 등 뒤에서 김슬아가 소리쳤다.

"유혜원! 내일은 마이쮸 꼭 갖고 와. 안 갖고 오기만 해 봐!"

쫓아가서 한마디 해주고 싶은 걸 참았다. 지금 재를 상대할 때가 아니다.

집으로 돌아왔는데 김슬아가 계속 거슬렸다. 나한테 마이쮸를 맡겨놓았어? 왜 가져오라 마라 명령이야? 우리는 2학년에 이어 3학년 때도 같은 반이었다. 2년 내내 김슬아는 나한테 이래라저래라 했다. 나는 김슬아의 부탁을 가장한 명령을 거절하지 못했다. 아끼는 스티커를 주지 않으면 나와 놀지 않을 것 같았고 마이쮸를 가져가지 않으면 나를 미워할 것 같았다. 슬아는 2학년이 된 나에게 처음 말을 걸어준 아이다. 말도 잘하고 공부도 잘해서 반 아이들한테 인기도 많았다. 그런 슬아와 계속 더 친해지고 싶었다. 그 애가 아니면 나는 친구가 하나도 없을 것 같았다. 가장 친한 친구가 누구냐고 물으면 김슬아라고 대답했고 엄마도 그렇게 알고 있었다. 하지만 나는 사실 김슬아가 불편했다.

선오와도 그랬다. 선오는 대학교 1학년 때 교양 국어 수업을 같이 들으며 알게 되었다. 교양 국어는 보통 같은 과끼리 모여 듣는데 수강 신청이 튕기는 바람에 나 혼자 컴퓨터공학과 학생들 틈에 끼어 듣게 되었다. 그러니까 나만 빼고 다 아는 사이들이었다. 컴공 사람들은 왁자지껄했다. 수업 끝나고 뭘 할지 점심은 뭘 먹을지 주말에는 어디를 갈지 그들의 스케줄을 알고 싶지 않았지만 자연스레 듣게 되었다. 나는 맨 구석 자리에 앉아 출석만 하러 다녔다.

"무슨 과예요?"

그 수업에서 내게 말을 걸어준 건 출석을 부르는 강사 외에 선오가 처음이었다. 나는 국어교육과라고 대답했다. 조 모임을 할 때 선오는 자기 조에 나를 끼워주었다. 선오는 붙임성이 좋고 쾌활해서 과 친구들에게 인기가 많았을 뿐 아니라 지나가는 여학생들이 한 번쯤 돌아볼 만큼 키가 크고 외모도 준수했다. 선오와 인사하는 나를 보고 라임은 우리 학교에 저런 애가 다 있느냐고 물었다. 선오는 쌍꺼풀은 없지만 눈이 컸고 웃을 때 볼에 인디언 보조개가 들어갔다.

1학기 수업이 끝나고 나니 선오를 볼 일이 없었다. 연락처는 저장되어 있었지만 연락을 주고받는 사이는 아니었다. 가끔 선오의 메신저 프로필을 확인하긴 했어도 톡을 보낸 적은 없다.

그런데 2학기 중간고사가 끝난 후 금요일 밤 선오에게서 연락이 왔다.

-뭐 해?

나에게 보낸 게 맞는 걸까? 마지막 메시지는 조 모임과 관련해 주고받은 거였다. 잘못 보낸 줄 알고 메시지를 한 번 더 확인했지만 답을 보내지 않았다. 그랬더니 다시 메시지가 왔다.

-혜원아, 집이야?

내게 보낸 게 맞았다. 집이라고 답을 보내니 선오는 지금 학교 앞으로 올 수 있느냐고 물었다.

-지금?

밤 열 시가 넘은 시간이었다. 선오는 안 되면 괜찮다고 했지만 곧장 그를 만나러 갔다. 선오는 술집에 혼자 엎드려 있었고 내가 다가가 팔을 톡톡 건드리니 몸을 일으켰다.

"왔어? 왔구나. 진짜 왔어!"

우리가 이렇게 친한 사이였나 싶을 정도로 선오는 나를 무척 반겨주었다.

그날은 선오가 여자친구와 헤어진 날이었다. 과 선배 누나와 비밀 연애를 하던 선오는 여자친구가 양다리였다는 사실을 알게 되었다. 매달린 건 오히려 선오였다. 제발 그 남자와 헤어지고 자기와 계속 만나달라고 했지만 거절당했고 차였다. 같은 과 친구들에게는 비밀로 했던 연애이기에 그들에게 말할 수 없어서 전혀 접점이 없는 내게 연락을 한 거였다. 선오의 연애사와 술주정을 다 들어주고 선오를 위로했다. 그 이후로 선오와 자주 연락을 하고 만났다. 친구가 많은 선오와 달리 내가 만나는 사람은 라임과 선오뿐이었다. 선오에게 연락이 오면 언제든지 달려갔다. 보자고 하는 영화를 봤고 먹자고 하는 음식을 먹었다. 선오와 함께 있으면 즐거웠다. 재밌게 말도 잘하고 잘생긴 얼굴을 바라보고 있는 것만으로도 흐뭇했으니까. 선오는 왜 내게 남자친구를 사귀지 않느냐고 물었다. 나처럼 착한 여자는 없다며 자기가 다음에 여자친구를 사귄다면 꼭 나 같은 여자와 사귀고 싶다고 했다. 그렇게 착하면 네가 사귀면 되잖아, 하는 말이 목까지 올라왔지만 분수를 아는 내 목은 다행히 그 말을 꾹꾹 밀어 내렸다. 우연히 보게 된 선오의 전 여자친구는 선오뿐만 아니라 남자라면 누구나 좋아할 정도로 아주 예뻤다. 유명 인플루언서로 방송 데뷔를 준비 중이라는 말까지 있었다. 난 선오를 좋아했지만 딱 거기까지였다. 더 이상은 바라지 않았다. 그런데 크리스마스를 며칠 앞두고 선오가 크리스마스이브에 무얼 할 거냐고 물었다. 나는 딱히 계획이 없다고 말했다. 라임은 그날 썸 타는 남자와 영화를 보러 간다고 했다.

크리스마스이브에 명동에서 선오를 만났는데 날이 날인 만큼 명동에는 사람이 아주 많았다. 식당마다 줄을 서야 했고 카페도 만석이었다. 영화나 뮤지컬 티켓을 예매해놓은 것도 아니었기에 딱히 갈 곳이 없었다. 명동교자 앞 골목에 사람이 너무 많아 선오와 바짝 붙어 걸어가야만 했다. 맞은편에서 걸어오는 사람과 어깨가 부딪쳐 뒤로 밀려나는데 선오가 내 손을 잡았다. 떠밀려 가지 않기 위해 나도 선오의 손을 꽉 잡을 수밖에 없었다. 선오가 손에 힘을 주어 나를 잡아끌었고 나는 선오 옆에 더 가까이 섰다. 선오는 내 손을 놓지 않았다. 바람이 불고 날이 추웠지만 온몸에 열이 나는 것 같았다. 제발 좀 가만히 있으라고 진정시키려 했지만 심장은 계속 쿵쿵댔다. 온 신경이 선오와 잡고 있는 왼손에 가 있었다. 왼손에 심장이 붙어 있는 것 같았다.

그때 선오가 내 귀에 대고 말했다.

"혜원아, 우리 사귈래?"

슬기로운 ____ 학교생활 2

아직도 크리스마스이브 날 명동을 떠올리면 왼쪽 귀가 뜨거워진다. 명동 거리에 그 많던 사람들과 소음들은 사라지고 나와 선오만 남았다. 선오의 물음에 나는 좋다고 고개를 끄덕였다. 그렇게 사귀게 되었는데 2주 뒤 선오는 군대에 간다는 소식을 전했다. 왜 미리 말하지 않았느냐고 물으니 갑자기 영장이 나왔다고 했다. 동기들이나 선배들에게 듣기로 군입대를 신청해도 밀리는 경우가 많아 미리 신청해야만 갈 수 있다고 했지만 선오가 그렇다면 그런 거였다.

군대에 있는 선오에게 자주 연락이 왔다. 그때는 군대에서 핸드폰을 사용하는 게 허가되지 않은 때라 거의 컬렉트콜로 전화가 왔다. 선오에게 편지를 쓰고 선오가 필요할 것 같은 물건을 자주 소포로 보냈다. 선오가 휴가를 나올 때는 모든 스케줄을 비워두었다. 돌이켜보면 선오가 군대에 있는 동안 우리 둘은 사이가 가장 좋았다.

제대한 선오는 다시 바빠졌다. 만날 친구도 많았고 학과 활동도 열심히 했다. 군대에 있는 동안 제대로 놀지도 못하고 사람들을 만나지 못했을 테니 어떻게든 이해하려고 노력했다. 선오는 군대에 있을 때보다 연락하는 횟수가 눈에 띄게 줄었다. 어차피 나도 임용 준비를 해야 해서 바쁘잖아. 누가 뭐래도 선오는 내 남자친구잖아. 그렇게 스스로를 다독였다.

선오는 점점 연락이 뜸해졌고 우리가 만나는 횟수도 줄었다. 선오가 내 '랜선 남친'이 아닌가 싶을 정도로 방학에도 몇 번 만나지 않았다. 어쩌다 만나면 선오는 좋지 않은 일이 있는지 투덜대거나 기분이 좋아 보이지 않았다. 혹시 내가 선오의 기분을 상하게 한 게 아닌지 눈치를 봤다. 그러다 보니 나도 선오와 만나는 게 기다려지지 않았다. 약속을 앞둔 날이면 배나 머리가 아팠다. 한번은 장염이 걸렸지만 약속을 취소하지 않았다. 2주 만에 만나는 건데 아프다고 하면 싫어

할 것 같았다. 나는 선오가 먹자고 하는 매운 찜닭을 먹고 다음 날 더 탈이 나서 병원에 가서 수액을 맞았다.

이듬해 나는 4학년이 되었고 선오는 2학년 1학기에 복학을 했다. 선오는 복학해서 더 정신이 없다고 했다. 수강 신청도 내가 대신하고 도와달라는 교양 과목 과제도 내가 다 하다시피 했다. 같은 학교에 다녔지만 과가 다른 우리는 자주 가는 단과대 건물이 달랐다. 학교에서도 선오를 거의 만나지 못했다.

만약 중간고사 기간에 내가 도서관을 가지 않았다면 어땠을까? 도서관에서 공부를 하다가 머리를 식히기 위해 바깥으로 나왔다. 도서관 뒤편 야트막한 언덕에 벤치가 있어 거기에 앉아서 쉴 요량으로 올라갔는데 이미 다른 사람들이 있었다. 여자가 남자 무릎에 앉은 채였고 둘은 샴쌍둥이처럼 붙어서 키스를 하고 있었다.

못 본 척하고 몸을 돌려 내려오는데 뭔가 느낌이 싸했다. 왜 많이 보던 실루엣이지?

설마, 아닐 거야, 말도 안 돼.

아닌 것을 확인하기 위해 조심스럽게 벤치 쪽으로 다가갔다. 남자는, 선오였다. 둘의 키스가 끝날 때까지 나는 선오를 부르지 않고 기다렸다. 나를 먼저 발견한 건 여자다. 선오와 키스하던 여자와 내 눈이 마주쳤고 선오 목을 양팔로 감싸안고 있던 여자는 놀라서 팔을 풀었다. 선오가 균형을 잃으려는 여자의 허리를 안았는데 그러면서 나를 봤다. 선오도 놀랐는지 동공이 커졌고 이내 빙그레 웃었다. 오랜만에 선오의 인디언 보조개를 봤다.

너무 어이가 없어서 그대로 언덕에서 내려왔는데 선오가 따라오지 않았다. 다음 날까지 연락이 없어서 내가 먼저 전화를 걸었다. 선오는 신입생 후배와 사귀게 되었다며 술술 털어놓았다. 누가 들으면 친구에게 연애담을 푸는 줄 알 정도로 자세히도 이야기했다. 궁금하지만 그렇게 자세히 알고 싶지 않았는데. 양다리를 증오하던 선오는 양다리가 되어 있었다.

선오는 새 여자친구가(아니, 그럼 나는 구 여친인가? 그건 아니지만 편의상 그리 부르기로 하고) 내 존재를 모른다며 나는 나대로 만나고 싶다고 했다. 나만큼 착한 여자친구는 못 사귈 것 같다며 말이다. 착한 건 절대 미덕이 아니구나. 착한 건 멍청하다는 말의 다른 뜻이구나. 그제야 나는 깨달았다.

그럴 순 없다고 대답하니 선오는 당황했다. 선오와 만나며 내가 가장 많이 한 말은 "응" 아니면 "그래", "알았어"니까. 이번에도 내가 "응"이라고 할 줄 알았나. 이 나쁜 놈아, 내가 그 정도로 멍청하지는 않거든. 물론 이 말을 입 밖으로 뱉지는 못했지만 뻔뻔하게 나오는 선오에게 질려버린 것은 확실했다. 끝까지 선오는 나를 존중하지 않았고 나는 처음으로 "싫어"라고 말했다. 그게 선오와의 마지막이었다.

그때 내가 느낀 감정은 배신감보다 비참함에 더 가까웠다. 선오와 통화를 끝낸 후 빈 강의실에서 혼자 울고 있는데 지안 언니가 들어왔다. 나와 눈이 마주친 언니는 강의실에서 나가는 대신 내 옆으로 왔다. 가방에서 휴지를 꺼내 건네주었고 나는 한참을 언니 앞에서 더 울었다. 지안 언니는 유일하게 선오와 내가 사귀는 것을 두고 내가 아닌 선오가 더 좋겠다고 말한 사람이었다. 학과와 동아리에서 나는 잘생긴 남자친구를 둔 아이로 통했다. 다들 선오가 내게 과분하다는 식으로 말했지만 언니는 나처럼 괜찮은 여자를 만난 선오가 운이 좋다고 했다. 그날 헤어졌다는 내 말에 언니는 "괜찮아"라고 말해주었다. 지안 언니의 목소리는 작았지만 그 말이 주문처럼 들렸다. 그 순간만큼은 내가 정말로 괜찮을 것만 같았다.

"혜원아, 너는 더 좋은 남자를 만날 가치가 있는 사람이야."

언니는 내게 이 말을 해주었고 내가 다 울 때까지 기다렸다가 강의실에서 나갔다. 며칠 뒤 나는 언니가 나 때문에 전공 수업에 빠졌다는 것을 알게 되었다.

그렇게 2년 반의 내 첫 연애가 끝났다. 그 이후로 몇 개월에 한 번씩 선오에게 '잘 지내?', '자니?' 같은 메시지가 왔지만 무시했다. 선오와 나는 명동 그 거리에서 끝났어야 했다. 그날이 최고점이었고 이후부터는 내리막이었으니까. '아니 만났어야 좋았을 것이다'라는 수필 문장을 두고두고 떠올렸다. 그 문장이 명문이구나. 그래서 문학 교과서에 실렸구나.

책상 위에 엎드려 머리를 거듭 박았다. 끌려다니지, 쿵, 말자, 쿵. 제발 끌려다니지, 쿵, 말자, 쿵. 착한 건, 쿵, 등신이다, 쿵.

다음 날 나는 여전히 아홉 살인 채 깨어났다. 영영 돌아가지 못하고 이대로 살아가야 하는 걸까. 같은 인생을 두 번 살고 싶지 않은데. 뭐 재밌는 인생이라고. 쉬는 시간이 되었는데 내 앞쪽에 모인 아이들 중 하나가 구구단을 외우고 있다.

수학 교과서를 보니 1학기에는 뺄셈, 덧셈만 나왔다. 곱셈은 2학기가 되어야 나오나보다. 그 아이가 능숙하게 6단을 외우자 나머지 아이들이 신기한 듯 쳐다보고 있다.

"7단도 외워봐."

"8단! 8단! 8단이 제일 어려워."

다른 아이들이 부추겼고 구구단을 외우는 아이는 어깨에 잔뜩 힘을 준 채 7단도 외웠다. 흠, 구구단이 뭐라고. 구구단을 빨리 외우는 아이들은 1학년 중에도 있었다. 나는 2학년 2학기가 되어서도 잘 외우지 못했다. 9 더하기 9가 18이라는 것은 이해가 되었지만 9를 세 번, 네 번, 다섯 번 이상 더하는 건 쉽지 않았다. 학교 진도를 따라가지 못하자 엄마가 집에서 구구단을 알려주었다. 엄마는 사과를 더한다고 생각해보라고 했지만 누가 사과 아홉 개를 다섯 번, 여섯 번씩이나 모으는가? 나는 사과 장수도 아닌데. 내가 구구단을 계속 외우지 못하자 옆에서 오빠는 "너 바보냐?" 하고 놀렸다. 엄마는 오빠에게 동생한테 누가 그런 말을 하느냐며 혼냈지만 엄마도 나중에는 똑같이 그 말을 했다. 어쨌든 나는 수학 시간이 너무 싫었다. 구구단은 나를 너무 빨리 '수학 포기자'로 만들었다. 구구단을 외우지 못하는 내가 너무 바보 같고 한심했다. 하지만 2학년이 지난 후 나는 자연스레 구구단을 외울 수 있었다.

"구 구 팔십일. 구 팔 칠십이. 구 칠 육십삼……."

내가 9단을 거꾸로 외우기 시작하자 아이들이 신기하다며 내 주위로 몰려왔다.

"야, 유혜원 구구단 엄청 잘해. 거꾸로 외워!"

모인 아이들은 다른 아이들에게도 알렸고 내 주변으로 반 아이들이 다 모였다. 나는 속도를 높여 이번에는 더 빠르게 8단을 거꾸로 외웠다.

수업 종이 울렸고 선생님이 자리에 앉으라고 몇 번을 이야기한 후에야 아이들이 흩어졌다.

"너 진짜 대단해."

옆자리 연제가 내 쪽으로 고개를 내밀어 말했다. 구구단을 못 외우는 어른은 없는데. 언젠가 구구단은 다 외우기 마련이다. 나는 별거 아니라는 표정을 지으면서도 우쭐해졌다.

연제는 내 기억에 없는 반 아이다. 그때 왜 연제와 친해지지 않았지? 연제는 그림도 귀엽게 잘 그리고 잘 웃고 상냥하다. 나는 조용한 연제와 잘 맞았을 텐데.

쪽지를 써서 연제에게 주었다.

-우리 앞으로 친하게 지내자.

내가 건넨 쪽지를 펼쳐 본 연제가 미소를 지었다.

급식을 먹은 후 교실로 돌아와 연제와 함께 그림을 그리며 놀았다. 연제가 사람이나 동물 그림을 그리면 나는 말풍선으로 대사를 넣었다. 연제는 왕관을 쓴 공주 얼굴을 예쁘게 잘 그렸다. 색색의 보석이 박힌 왕관은 아주 멋졌다. 나는 연제에게 토토로 필통을 내밀어 배 부분에 왕관을 그려달라고 했다.

"정말 여기에 그려도 돼?"

나는 고개를 끄덕였고 연제는 하얀 배 부분에 왕관을 그려 주었다. 검은색 네임펜으로 왕관 테두리를 그린 후 보석을 보라색과 주황색, 빨간색으로 색칠했다.

한참 놀고 있는데 김슬아가 내 쪽으로 왔다.

"마이쮸 가져왔어?"

나는 김슬아를 쳐다보지도 않고 말풍선 안에 대사를 쓰며 대답했다.

"아니."

"왜 또 안 가져왔어? 내가 가져오라고 했잖아."

김슬아는 내게 신경질을 냈다.

"너 안 가져오면 우리 집 못 놀러 와. 놀이터에서도 너랑 안 놀 거야."

나는 고개를 들어 김슬아를 바라봤다. 이 아이는 하찮고 또 하찮을 뿐이다.

"그러든지."

"뭐?"

아무래도 김슬아를 그대로 두어서는 안 될 것 같다. 내가 자리에서 벌떡 일어나자 의자가 뒤로 밀렸고 김슬아가 뒷걸음질 쳤다. 김슬아 옆에 바짝 다가가 선 후 김슬아만 들을 수 있도록 작지만 또박또박하게 말했다.

"나도 너랑 놀지 않을 거야. 그러니까 나한테 이래라저래라 하지 마. 나도 너랑 놀기 엄청 싫거든. 너 같은 애 최악이야. 그런데 나만 그런 게 아니야. 너처럼 사람 우습게 여기고 부려먹기만 하는 애랑 친구 하고 싶어 하는 애는 아무도 없을걸? 너 인생 그렇게 살지 마. 결국 너한테 다 되돌아올 거야. 기억해. 자, 업, 자, 득. 평생 이 말이 너를 따라다닐 거야. 네가 괴롭힌 건 다 너한테 되돌아올 거니까."

김슬아의 표정이 일그러졌다. 내가 하는 말을 반도 못 알아들은 것 같지만 어쨌든 기분 나쁜 말이라는 건 아는 것 같았다. 김슬아의 싹을 아예 잘라낼 필요가 있기에 담임선생님에게 갔다. 아홉 살은 아직 선생님이 무서울 나이다.

"선생님, 김슬아가 저한테 자꾸 마이쮸 가져오래요. 가져오지 않으면 저랑 안 놀겠대요. 매일 저 협박해요. 제 샤프랑 스티커도 김슬아가 가져갔어요."

나는 잔뜩 속상한 얼굴을 한 채 그동안의 일을 그대로 고했고 담임선생님이 김슬아를 불렀다. 김슬아는 쭈뼛거리며 걸어왔다. 선생님은 내가 한 말을 김슬아에게 복기하며 다 진짜냐고 물었다.

"슬아야, 친구 물건을 가져가면 안 되는 거야. 놀아주지 않을 거라면서 자꾸 뭐 달라고 해서도 안 되고. 알았지?"

담임선생님은 화를 내지 않았지만 단호하게 말했고 겁먹은 김슬아는 알겠다며 고개를 끄덕였다. 앞으로 다시는 김슬아에게 휘둘리지 않을 거다.

수업이 모두 끝난 후 가방을 멘 채 교실에서 나왔다. 김슬아에게 할 말을 해서인지 마음이 후련했다. 착하지 않아도 괜찮아. 싫은 건 싫다고 말해도 돼. 김슬아는 고작 2, 3학년 때 같은 반이었을 뿐이잖아. 그렇게 김슬아에게 끌려다녔지만 4학년이 되어 다른 반이 되고 보니 아무 소용없었다.

발걸음이 가벼워 나도 모르게 깡충깡충 뛰었다. 그날 선오에게도 이렇게 말했으면 얼마나 좋았을까. 몰래 도망치지 말고 선오와 새 여자친구 앞에서 말하는 거다. 너 진짜 최악이라고, 다시는 연락하지 말라고, 우린 네가 나를 기만해서 헤어지는 거라고. 지금의 나라면 충분히 그렇게 말할 수 있을 것만 같다. 선오에게 말하는 상상을 하는 것만으로도 나를 무겁게 누르고 있던 무언가가 싹 사라지는 것만 같았다.

계단을 내려가려고 하는데 뒤에서 장난을 치던 두 아이가 내 쪽으로 훅 쓰러졌다. 어어? 그 아이들에게 밀려 발을 헛디뎠다. 중심을 잡으려고 했지만 몸이 휘청거리며 계단 아래로 떨어졌다. 나는 두 팔로 머리를 감싼 채 눈을 꽉 감았다.

돌아 ____ 오다

다시 눈을 떴을 때 난 계단에 쓰러져 있지 않았다. 여긴 도도 카페 앞이다. 내 손에 토토로 필통이 들려 있고 고개를 내려보니 트렌치코트를 입고 있다. 다시 원래대로 돌아왔다.

이게 어떻게 된 거지? 핸드폰을 꺼내 날짜를 보니 토토로 필통을 찾으러 왔던 그날 그 시간 그대로다.

내가 착각을 한 건가? 아니면 꿈을 꾸었나?

토토로 필통을 들어 살폈다. 배 부분에는 연제가 그려준 왕관이 있었다.

사무실에 들어서는 나를 보자마자 이미정 선생님이 기다렸다는 듯이 물었다.

"유 샘, 어제 소개팅 잘했어?"

이미정 선생님 맞은편에 박윤경 선생님이 있었고, 난 박윤경 선생님에게 목례를 한 후 내 자리로 왔다.

"어땠어?"

이미정 선생님이 내 자리 쪽으로 다가와 다시 물었다. 소개팅을 주선한 박윤경 선생님은 조용한데 이미정 선생님이 더 난리였다.

"그냥 뭐."

나는 웃으며 얼버무렸다.

"별로였구나? 그쪽도 별로였다던데. 서로 아니라서 다행이네."

이미정 선생님은 뭐가 그렇게 즐거운지 신나 보였다. 옆에서 박윤경 선생님이 자기가 언제 그렇게 말했느냐며 이미정 선생님에게 뭐라고 했다.

"아냐, 유 샘. 별로라는 게 아니라 그냥 안 맞는다고 했어."

박윤경 선생님이 당황하며 오해하지 말라고 했다.

"네."

책상에 앉아 컴퓨터를 켰다. 그 남자가 그렇게 표현했구나. 뭐 나도 네 스타일이 아니겠지만 너도 내 스타일은 아니었어.

그래도 오랜만에 한 소개팅은 그 자체만으로는 나쁘지 않았다. 대학을 졸업한 이후 처음 한 소개딩이디. 선오와 헤어진 후 라임은 연애는 연애로 덮어야 한다며 소개팅을 여러 건 주선해주었지만 성공한 적이 없다. 잘 알지도 못하는 사람과 처음 만나 이야기를 하는 건 너무 피곤하고 어렵다. 세 번은 만나봐야 알 수 있다고 하지만 애프터도 오지 않았다. 상대가 안 나오는데 나 혼자 세 번을 만날 수는 없지 않은가.

"샘, 신경 써주셔서 감사해요!"

나는 박윤경 선생님 쪽으로 고개를 내밀어 말했다. 이따 커피를 산다는 말을 하려다가 그건 하지 않았다. 분명 이미정 선생님이 나도, 나도! 하고 끼어들 테니까. 대신 박윤경 선생님에게 메신저로 커피 쿠폰을 보냈다.

학원 관리를 하는 우리 팀은 박윤경 선생님과 이미정 선생님, 그리고 나, 이렇게 세 명이다. 둘은 40대 초반으로 나이가 비슷해서 친하다. 박윤경 선생님은 학원 관리직을 한 지 10년이 넘은 베테랑이고 이미정 선생님은 이 일을 시작한 지

1년이 조금 넘었다. 박윤경 선생님이 지시하는 일을 나와 이미정 선생님이 나눠 하는데 이미정 선생님이 팀장처럼 굴 때가 많다. 원장의 육촌 동생이기 때문이다. 막상 원장과 둘이 있을 때 데면데면한 걸 보면 왕래 없이 지내다가 부모의 소개로 온 것 같다. 우리끼리 있을 때 원장 이야기가 나오면 "지선 언니가"라며 친한 척을 하지만 원장이 들어오면 깍듯하게 "원장님" 하고 부른다.

이 학원에 들어온 지 4개월이 조금 넘었지만 둘과 나이 차이가 나다 보니 업무 이외의 이야기는 거의 하지 않는다. 내게 있어 둘 다 편하지 않은 건 마찬가지인데 굳이 따지자면 이미정 선생님은 단둘이 밥 먹기 싫지만 박윤경 선생님과는 먹을 수 있다는 차이점이 있다. 두 명 다 오지랖을 부리는데 박윤경 선생님의 오지랖은 그래도 고맙기 때문이다. 이번 소개팅도 그 결과물이다.

입사한 지 얼마 되지 않았을 때부터 박윤경 선생님은 남편이 다니는 회사에 괜찮은 남자가 있다며 한번 만나보라고 했다. 지금 내 처지에 소개팅이라니 당치도 않다. 이 학원을 언제 그만둘지 모른다. 어느 정도 자리를 잡은 후 연애하겠다고 하니 라임은 그러면 관에 들어가서 소개팅을 할 거냐며 새로운 연애를 하지 않으면 평생 선오의 유령에게서 벗어나지 못할 거라고 타박했다. 너도 연애를 안 하고 있으면서 나한테 왜 뭐라고 하느냐고 따지니 자기와 나는 다르다고 반박했다. 하긴 라임은 계속 데이트 앱을 살펴본다거나 소개팅을 하며 연애의 기회를 노리고 있나.

지난주 박윤경 선생님은 또 소개팅 이야기를 했다. 토토로 필통을 되찾고 학원에 출근한 날이었다. 주기적으로 습관처럼 그 이야기를 지나가듯 했는데 이번에는 내가 "할게요"라고 대답을 해버렸다. 내 대답에 박윤경 선생님이 더 놀란 듯했다. 박윤경 선생님은 정말 할 거냐고 다시 물었고 난 해달라고 했다. 갑자기 연애를 해도 좋을 것 같다는 생각이 들었다. 하지만 결과는 역시나였다.

서로 하는 일과 각자의 소개팅 주선자(그러니까 박윤경 선생님 부부)에 대한 이야기를 하고 났더니 딱히 할 말이 없었다. 공통 분모로 나눌 이야기가 전혀 없었고 나도 그도 커피를 다 마신 상태였다. 세 시에 만났는데 네 시가 조금 안 되어서 헤어졌다.

다음 달 수강생 명단을 수정하기 위해 토토로 필통에서 빨간 볼펜을 꺼냈다. 필통을 찾아온 이후 손빨래를 했더니 토토로가 깨끗해졌다. 연제가 그려준 그림은 유성펜으로 그려서 그런지 지워지지 않고 그대로 있다.

가만히 필통을 내려다봤다. 토토로는 왜 나를 찾아온 거지? 순간 모든 게 다 나의 환상이 아닐지 의심이 되어 토토로 필통을 손으로 움켜잡았다. 필통이 돌아온 게 맞다. 왕관 그림이 있는 배 부분을 손으로 매만지니 부드러운 촉감이 느껴졌다.

저녁을 먹은 후 사무실로 돌아왔다. 박윤경 선생님과 이미정 선생님은 새로 도착한 교재를 정리하고 있었다. 학원 전화를 받기 위해 누군가는 남아 있어야 하기에 우리는 따로 저녁을 먹는다. 박윤경 선생님과 이미정 선생님이 여섯 시쯤 먼저 먹고 오면 나는 일곱 시쯤 혼자 간다.

둘에게 다가가 교재 정리를 도왔다. 수강생이 바로 찾아갈 수 있도록 반별로 나눈 후 포스트잇에 이름을 적어 앞 장에 붙였다.

"유 샘, 뭐 먹었어?"

박윤경 선생님이 교재가 들어 있던 상자를 포개며 물었다.

"김밥이요."

"또? 맨날 안 질려?"

"네. 괜찮아요."

"어느 김밥집 갔는데?"

김밥집 이름을 말하니 박윤경 선생님이 거기보다 지하철 역 쪽이 낫다고 했고, 이미정 선생님은 기기 위생이 별로라며 가지 말라고 했다.

"근데 김밥집 사람 많았나 봐? 오래 걸렸네?"

이미정 선생님이 벽에 걸린 시계를 보며 물었다.

"학생들 저녁 시간이랑 겹쳤나 보지."

나 대신 박윤경 선생님이 대답했다. 내 저녁 시간은 일곱 시부터 여덟 시까지이고 나는 되도록 여덟 시에 맞춰 온다. 저녁을 일찍 먹더라도 주변을 한 바퀴 돌고서 온다. 왜 그러겠는가?

"참, 유 샘 예전에 학원에서 국어 가르쳤다며? 지선 언니가 그러던데?"

"어, 정말?"

박윤경 선생님도 그 말에 관심을 보였다. 처음 학원에 들어왔을 때 둘은 내게 무슨 일을 했느냐고 물었고 공무원 시험을 준비하다가 그만두었다고 말했다. 임용 시험도 공무원 시험과 비슷하니까. 둘은 내게 학원 강사 일이 더 낫지 않느냐며 왜 강사를 안 하느냐고 꼬치꼬치 물었다. 이래서 내가 밥을 다 먹고도 일찍 오지 않는 거다.

대답 대신 그냥 미소만 지었다. 교재 정리를 끝낸 후 얼른 자리로 돌아와 마우스로 이것저것 누르는 시늉을 했다. 어디 선 같은 건 안 파나? 넘어오지 말라고 표시하면 더 이상 넘어올 수 없게 해주는, 눈에 보이는 선 말이다.

드디어 퇴근 시간인 열 시가 되었고 나는 가방을 들고 먼저 가보겠다고 인사했다. 조금 늦으면 학생들이 몰려 버스에 앉을 자리가 없기에 서둘러 버스 정류장으로 뛰어갔다. 부모님들이 데리러 오는 아이들이 대부분이지만 버스를 타고 혼자서 다니는 아이들도 있다.

다행히 버스에는 빈자리가 있었다. 자리에 앉아 페이스북에 접속했는데 DM이 와 있었다. 클릭해서 보니 연제다.

-혜원아! 우와, 너무 반갑다! 나 맞아. 동잠초 우연제! 내가 그린 그림 아직도 갖고 있구나. 나는 2학년 때 그림은 다 버려서 없거든. 그때 네가 나 그림 잘 그린다고 칭찬 많이 해주었잖아. 내 그림도 많이 좋아해주고. 넌 어떻게 지

내? 초등학교 졸업하고 한 번도 못 봤네. 보고 싶어! 언제
시간 날 때 만나자!!

지난주 토토로 필통을 돌려받은 후 혹시나 싶어 페이스북에서 '우연제' 이름을 검색했다. 왕관 모양의 프로필이 보여 들어가 봤더니 그림이 많이 나왔다. 모든 그림 오른쪽 아래 귀퉁이에 낙관을 찍듯 작게 왕관 모양을 그려두었다. 자기 얼굴을 찍은 사진은 하나도 없었지만 왕관 모양을 보니 초등학생 때 연제가 맞는 것 같았다. 연제는 일러스트 작가가 되어 있었다. 반가움에 토토로 필통에 그려진 왕관 사진을 찍어 DM을 보냈는데 이렇게 답장이 왔다.

초등학교 2학년 때로 돌아간 건 진짜다. 연제가 그려준 그림도, 연제도 실제로 존재하니까. 돌아가기 전에 연제는 내 기억 속에는 없는 아이였다. 하지만 아홉 살로 돌아간 나는 연제와 친해졌고 연제도 나를 기억했다. 그런데 이게 말이 되나? 과거로 돌아가다니. 아무리 생각해도 있을 수 없는 일이다. 그러나 그런 일이 내게 일어났다. 연제에게 받은 이 DM이 바로 그 증거다.

나도 연제에게 다시 메시지를 보냈다.

-역시 네가 맞구나. 네 이름이 흔하지는 않지만 사진이 없어서 긴가민가했어. 그림 너무 좋다^^

다른 게시물들을 살피고 있는데 전화벨이 울렸다. 액정을 보니 저장되어 있지 않은 번호였다. 이 밤중에 광고 전화일 리는 없는데.

"여보세요."

"인성중 2학년 유혜원 씨?"

"네, 맞는데요."

"여기 핸드폰 대리점인데요. 유혜원 양 다이어리가 있어서요. 보관하고 있으니까 찾으러 오세요."

두 번째 분실물이었다.

두 번째 분실물:
다이어리

사춘기 ____ 입니다만 1

:: 전학생

다이어리를 받아 들고 핸드폰 대리점에서 나왔다. 몇 발짝 걷지 않아 돌아봤는데 핸드폰 대리점은 중학교 때 자주 가던 떡볶이 가게로 바뀌어 있고 난 교복을 입은 채 책가방을 메고 있었다.

중학생 때 다이어리를 찾으러 오라는 전화를 받고 혹시나 하는 마음으로 여길 찾아왔다. 설마 두 번이나 같은 일이 벌어질 줄 몰랐다. 이번엔 중학생이라니.

가게 앞에 멍하니 서 있는데 떡볶이 냄새가 코를 찔렀다. 배도 고프고 언제까지 서 있을 수만은 없어 가게 안으로 들어갔다. 게다가 이 떡볶이 스타일은 여기밖에 없다.

"1인분이지?"

사장님이 날 보자마자 물었다. 이 가게는 오직 떡볶이만 판다. 다른 분식점은 튀김이나 어묵, 순대도 팔지만 여긴 떡볶이만 있어서 가게에 들어가면 사장님이 인원수에 맞게 주느냐고 물었다.

"잘 지내셨어요?"

나도 모르게 사장님께 안부 인사를 건넸다. 중학교 졸업하고 처음 오는 거니 10년도 넘었다.

"뭐? 나야 잘 지내지. 저기 앉아."

빈자리에 가서 앉으니 사장님은 이제 떡을 넣었다며 시간이 좀 걸린다고 했다.

맛이 좋아서 계속 운영할 줄 알았는데 이 가게는 언제 사라진 걸까? 떡볶이 가게에서 바로 핸드폰 가게로 바뀐 걸까? 아니면 그 사이에 다른 가게들이 있었나? 사장님께 언제까지 여기서 장사를 하실 예정이냐고 물어볼 수도 없다.

다이어리를 펼치니 맨 앞 장에 '유혜원 외 아무도 펼쳐 보지 말 것'이라고 적혀 있다.

다음 장을 넘기니 '유혜원의, 유혜원에 의한, 유혜원을 위한 모든 것'이라고 써놓았다. 으으, 닭살. 이런 말을 했구나. 이 다이어리는 중2 때 거다. 중2가 되면서 엄청 열심히 꾸몄는데 이사를 오면서 잃어버렸는지 이삿짐을 아무리 뒤져봐도 다이어리는 나오지 않았다. 찾고 또 찾아도 없어서 너무 속상했었는데 이제야 돌아오다니. 아까 핸드폰 가게에 다이어리를 받으러 갔을 때 왜 그런지는 모르겠지만 자기들 이삿짐에 들어 있었다고 알려주었다. 핸드폰 대리점은 다른 곳에 있다가 지난주에 여기로 이전했단다. 그동안 내내 이사 트럭에 있었던 걸까?

월간표 한 날짜에 '시어머니 생일'이라고 적고 하트 표시를 해두었다. 시어머니? 내가 시어머니가 어딨다고? 설마 엄마의 시어머니인 할머니 생일이라는 건가? 할머니 생일은 이 달이 아닐 텐데.

아! 생각났다. 라디오를 듣는데 윤두준이 나와서 오늘 자기 엄마 생일이라고 말한 적이 있다. 그때 한창 비스트의 윤두준에게 빠져 있었다(이때는 비스트라는 이름을 쓰지 못하게 될 거라는 걸 상상도 못 했다). 중1 때 다이어리에 표시한 걸 2학년이 되어서도 또 표시해두었구나. 이런 표현을 하다니.

부끄러움에 몸이 오징어처럼 말려들어 가 얼른 다이어리

를 더 넘겼다. 이땐 색색의 형광펜과 펄이 들어간 펜을 썼다.

-이사 가기 싫다. 거긴 아는 애가 한 명도 없는데. 이사 간 집도, 전학 간 학교도 다 마음에 안 들 것 같은 예감. 아, 슬픈 예감은 틀린 적이 없는데 ㅠㅠ…….

'ㅠㅠ'가 끝없이 이어졌다. 초등학교 6학년 때 아빠가 회사를 그만두고 사업을 시작했다. 그때 스마트폰이 처음 출시되었고 앞으로 모든 사람이 걸어 다니며 인터넷을 하는 세상이 올 거라고 했다. 엄마는 반신반의했지만 아빠는 아주 의욕적이었다. 카이스트 출신 친구와 동업을 하는 거라며 무조건 믿으라고 했다. 메시지를 공짜로 주고받는 앱을 개발하겠다며 아파트 담보 대출을 받았다. 아빠가 만든 앱은 출시되었지만 카카오톡에 밀려 완전히 망해버렸다. 다른 앱도 몇 개 더 개발했지만 인기를 얻은 건 없었다. 아빠의 투자금은 다 사라져버렸다. 알고 보니 아빠 친구는 카이스트를 졸업한 게 아니라 카이스트에서 운영하는 교육 프로그램을 이수한 거였다. 아빠와 친구는 완전히 새로운 것을 개발한다기보다 유명 앱과 비슷한 것을 만들어 후발 업체로 상생하려는 계획이었다. 하지만 메신저나 지도는 유명 앱만 사용한다. 아빠는 잘되는 계획만 있었지 안 될 경우는 염두에 두지 않았다. 어쨌든 대출 상환금을 갚지 못해 살던 집에서 나와 이사해야만 했다. 문제는 우리 집에서 끝난 게 아니었다.

"자, 여기."

사장님이 떡볶이 그릇을 내 앞에 가져다주었다. 떡볶이는 아주 빨갛다. 그래, 이 떡볶이였지. 이 집 떡볶이는 다른 집 떡볶이와 다르다. 긴 가래떡을 가위로 쑹덩쑹덩 잘라 고추장과 물엿이 잔뜩 들어간 찐득찐득한 양념장에 볶는다. 부산 스타일이 이렇다고 하던데 나중에 부산에 갔지만 이 집 떡볶이와는 또 맛이 달랐다.

포크로 떡을 콕 집어 입에 넣었다. 달콤하면서 매운 양념 맛이 입안에 감돌았고 떡은 아주 쫄깃했다. 학교 아이들 사이에 사장님 어머니가 방앗간을 운영한다는 소문이 있었다.

사장님 쪽으로 고개를 내밀며 물었다.

"사장님, 어머니가 방앗간 하시는 거예요?"

"어? 아닌데. 왜?"

"아이들이 그렇게 말해서요. 그럼 이 떡 어디서 가져오세요?"

"시장 떡집에서 매일 가져와."

아, 그건 소문이었구나. 그때는 소문이 사실일 거라 믿어서 물어보지 않았다.

떡볶이를 다 먹은 후 불현듯 돈이 없다는 걸 깨달았다. 지갑을 두고 여기로 왔는데 어쩌지? 중학교 때는 돈을 가지고 다녔던 거 같은데 어디 넣었더라? 교복 치마 주머니가 텅 비어 있어 가방 앞주머니를 열었다. 다행히 지갑이 보였고 그 안에 1,000원짜리가 몇 장 들어 있었다. 나는 떡볶이 값 2,500원을 낸 후 가게에서 나왔다.

하교 시간이라 곧바로 집으로 왔다. 학교 앞 떡볶이 가게에서 집까지는 20분 넘게 걸어야 했다. 버스로 세 정거장이라 아침에는 늦어서 버스를 탔지만 올 때는 버스비가 아까워 그냥 걸었던 기억이 난다.

중학교 때 살던 집은 2층이었고 이때 비밀번호 역시 찾는 건 어렵지 않았다. 이번에는 내 생일이었다.

문을 열고 집 안으로 들어오니 나도 모르게 기운이 쭉 빠졌다. 여긴 좁고 답답하다. 처음 이 집으로 이사 오던 날도 지금처럼 망연자실한 채 현관에 서 있었다. 고개를 살짝만 돌려도 집 전체가 눈에 다 들어왔는데 거실 겸 주방은 작아서 소파를 놓을 자리도 없었다. 그전에 살던 집보다 방도 하나 적었다. 설마 오빠랑 나랑 같이 방을 써야 하는 건가? 사춘기 남매가 어찌 같은 방을 쓰지? 그건 말도 안 되는데. 아니면 엄마랑 나랑 한 방을 쓰고 오빠랑 아빠가 다른 방을 써야 하나, 혼자 여러 가지 방안을 떠올리고 있는데 엄마가 걱정하지 말라고 했다. 엄마, 아빠가 거실에서 잘 테니 나와 오빠에게 각각 방을 쓰라고 했다. 엄마가 가리킨 방에는 전에 내가 쓰던 침대와 책상이 그대로 들어가 있었다. 방 크기가 작아져 침대와 책상을 놓고 나니 남는 공간이 거의 없었다. 물론 오빠 방도 마찬가지였다.

신발을 벗고 집 안으로 들어왔다. 지어진 지 40년도 넘은 이 집에 도배와 장판도 하지 않은 채 이사를 왔다. 햇볕이 잘 들어오지 않는 북향이라 집은 항상 어두웠다.

방으로 들어와 가방에서 다이어리를 꺼내 책상 위에 올려 두었다. 이걸 괜히 받으러 온 걸까? 같은 일이 두 번 벌어질까 궁금하기도 했지만 다이어리를 찾고 싶었다. 한동안 이걸 찾으려고 집 안을 다 뒤졌으니까. 막상 찾아보니 3분의 1도 안 적었다. 이사를 오면서 잃어버렸기에 다이어리는 이사 직전에 멈춰 있다. 2학년 때 새로 전학 온 학교에서의 기억은 별거 없다. 전학생이라 조용히 학교를 다니다가 졸업했다. 전학생은 혼자 시즌제 드라마를 시즌2부터 보는 셈이다. 시즌1을 보지 않아 앞 내용을 모르기에 재미가 별로 없다.

그 시절 기억나는 거라곤 혼자 방에서 봤던 영화들밖에 없다. 중학교에 입학하며 숙제 때문에 컴퓨터가 필요하다고 하니 아빠는 회사에서 쓰던 오래된 노트북을 내게 주었다. 전학 오기 전까지는 학원에 다녔지만 전학 온 이후에는 학원에 다닐 형편이 아니었다. 학교가 끝나면 갈 곳이 없어 곧바로 집에 왔다. 남는 시간이 있다고 공부를 할 리는 없었고 인터넷으로 영화를 다운받았다. 지금처럼 OTT가 있는 시절이 아니었기에 인터넷 공유 사이트에서 영화를 내려받았다. 하루에 한 편, 많게는 두세 편씩 영화를 봤다. 엄마에겐 공부한다고 하고 방문을 잠근 후 귀에 이어폰을 꽂았다. 영화를 보고 있을 때만큼은 다른 것들을 다 잊을 수 있었다.

책상 위에 두꺼운 검은색 노트북과 뒤집어 놓은 탁상 거울이 있었다. 거울을 돌려 가까이 끌어와 다시 만난 나를 봤다. 거울 속 나는 어리지만 마음에 들지 않는다. 볼살은 통통하고 이마는 여드름 때문에 엉망이다. 여드름을 짜면 흉터가 생긴다고 했지만 거울 볼 때마다 여드름을 짰다. 그때도 여드름 가득한 이마가 보기 싫어 늘 거울을 뒤집어 놓았다.

저녁 시간이 되었지만 아무도 집에 오지 않았다. 엄마와 아빠는 늦게 퇴근했고 오빠는 독서실에 다녀온다며 밤이 되어야 왔더랬지. 그리고 나는 매일 혼자 저녁을 먹었다.

아까 떡볶이를 사 먹었지만 벌써 배가 고팠다. 중2는 소화가 참 빨리도 되는구나.

방에서 나와 주방으로 들어갔다. 밥솥에 아침에 해놓은 밥이 있긴 했지만 냉장고를 열어보니 반찬이 마땅찮다. 하는 수 없이 싱크대에서 라면을 꺼냈다. 이때 일주일에 세 번 이상 라면을 먹었던 것 같다. 퇴근한 엄마는 왜 또 라면을 먹었느냐며 타박했고 그럼 나는 "아니면 뭘 먹으라고?" 하며 신경질을 냈지.

라면이 다 끓어 냄비째 들고 방으로 들어왔다. 그러고는 노트북의 영화 폴더로 들어가 맨 위에 있는 영화를 클릭한 후 라면을 먹기 시작했다.

다음 날 나는 열다섯으로 아침을 맞았다. 영화를 보다가 밤늦게 잠이 들었고 엄마가 일어나라고 몇 번을 깨우고서야 간신히 일어났다.

세수를 하고 헐레벌떡 교복으로 갈아입었다. 아침 먹을 시간 같은 건 없기에 스타킹만 신은 후 가방을 챙겼다.

"빨리 가. 지각하겠다!"

엄마가 내 가방을 밀었고 나는 운동화를 구겨 신은 후 밖으로 나왔다. 학교 가는 버스를 한번 놓치면 10분을 넘게 기다려야 해 정류장까지 서둘러 뛰었다. 버스 도착 시간이 몇 분 정도 남았을까? 핸드폰을 꺼냈다가 아차 싶어 도로 넣었다. 이 핸드폰은 아직 2G라 실시간 버스 정보는 나오지 않는다.

몇 분 지나지 않아 버스가 왔다. 우리 학교 아이들뿐만 아니라 옆 학교 교복을 입은 아이들도 제법 많이 타고 있었다. 사람이 너무 많아 버스 안에 발 디딜 틈이 없었지만 밀릴 공간이 없어서 손잡이를 잡지 않아도 되었다.

"이번 정류장은 인성중학교, 인성중학교입니다. 다음 정류장은 …… ."

정류장에 도착해 버스 문이 열렸는데 사람들이 우르르 몰려 내리면서 나도 따라 끌려 내려갔다. 이제 겨우 아침이 시작되었는데 벌써 진이 다 빠졌다.

2학년 때는 2반이었다. 반이 잘 기억나지 않았는데 노트에 적혀 있었다. 2학년 2반 교실을 찾아 들어가니 여자아이들

뿐이다. 우리 학교는 남녀공학이었지만 여자 반과 남자 반이 나뉘어 있었다. 1반부터 4반까지는 여자 반, 5반부터 8반까지는 남자 반. 내가 졸업한 해부터 남녀 반이 통합되었다. 여긴 초등학교 2학년 교실만큼 낯설지는 않다. 어렴풋이 기억난다.

어찌어찌 내 자리를 찾아 앉았는데 "씨발", "X나 짜증 나" 하는 아이들의 말이 들려 깜짝 놀랐다. 반 아이들은 아무렇지 않게 욕을 섞어 썼다. 아, 잊고 있었다. 나도 저 때는 추임새처럼 욕을 썼다는 걸. 웬만큼 막 나가지 않는 이상 어른들 앞에서는 욕을 하지 않지만 또래끼리 모여 있을 때만큼은 날라리나 모범생이나 할 것 없이 다 욕을 했다.

수업 시작 전까지 좀 누워 있어야겠다. 어젯밤에 늦게 자기도 했고 원래대로라면 이 시간은 깨어 있을 때가 아니다. 가방을 책상 옆 고리에 대충 건 후 책상에 엎드렸다.

살짝 잠이 들었는데 조회를 하러 들어온 담임선생님이 출석부를 교탁에 탁탁 내리치며 제발 좀 서 있거나 누워 있지 말고 앉으라고 소리쳤다. 선생님의 말씀에 몸을 세웠다.

"이번 중간고사에서 우리 반이 영어 꼴찌를 했다. 명색이 담임이 영어인데 그러기냐? 일등은 바라지도 않는다. 중간만큼은 해야 할 거 아니냐?"

왜 이렇게 졸리지? 선생님의 잔소리도 자장가처럼 들린다. 눈을 부릅뜨고 있는데 스르르 눈이 감겼다. 담임선생님은 수업 시간에 졸지 말고 집중해서 들으라는 말을 하고 조회를 마쳤다. 그래, 졸지 말아야지 다짐하는데 1교시가 하필 수학이다. 수학 공식 하나에 잠이 오고 풀이에 또 잠이 오고 답에 또 잠이 온다.

1교시부터 4교시까지 수업 시간 내내 꾸벅꾸벅 졸았다. 중2 때를 떠올려보니 원래 잠이 부족해서 오전에는 가수면 상태로 지내긴 했다.

수요일 5, 6교시는 동아리 활동이었다. 전학 온 이 학교에서 나는 영화 감상 동아리에 들어갔다. 영화 감상 동아리가 어디였더라? 잘 기억이 나지 않는다.

복도를 지나가는 아이들에게 물었지만 잘 모른다고 했다. 하긴 나도 내가 가는 동아리만 알지 다른 데는 몰랐다. 안내판을 따라 1층 교무실로 내려가 보니 선생님 여럿이 있었다.

"선생님, 영화 감상 동아리는 어디로 가요?"

"가만있어 봐라."

선생님은 다른 선생님들에게 물어본 후 3학년 5반 교실이라고 알려주었다. 거긴 또 어디지? 나는 전학생이라 잘 모른다며 3학년 5반이 어디냐고 다시 물었고 별관 5층이라는 답을 들은 후에 교무실에서 나왔다.

복도를 걷고 있는데 한 무리의 아이들이 우르르 몰려왔다. 짧은 교복 치마를 입고 짙은 화장을 한 여자아이들과 껄렁껄렁한 걸음걸이의 남자아이들. 누가 봐도 나 날라리요, 하고 온몸으로 표현하고 있는데 그중 한 명이 눈에 띄었다. 아! 저 여자 선배. 내가 고등학생 때 아이돌로 데뷔를 했다가 학폭 논란이 생겨 탈퇴했다. 그때 떠들썩했는데. 그러게, 왜 애들은 괴롭혀서. 저 선배는 자신의 미래를 짐작도 못 하겠지.

별관으로 이동해서 또 5층까지 올라가느라 시간이 좀 걸렸다. 수업 종이 울리고 몇 분이 더 지나서야 3학년 5반 교실에 도착했다. 이미 동아리 수업은 시작된 후였다.

"얼른 앉아. 영화 틀 거야."

"네."

몸을 돌려 빈자리를 찾고 있는데 맨 뒷자리에 앉아 있는 사람과 눈이 마주쳤다. 순간 몸이 스르르 녹아내렸다. 윤준 오빠다.

내 첫사랑, 윤준 오빠.

사춘기 ____ 입니다만 2

:: 다시 만난 첫사랑

영화가 눈에 들어오지 않았다. 〈이상한 나라의 앨리스〉는 이미 두 번이나 본 영화다. 집에서 혼자 한 번 봤고 12년 전 오늘 영화 동아리에서 또 봤다. 그러니까 이번이 세 번째 보는 거다. 게다가 영화 속 앨리스보다 지금 내가 더 이상한 나라에 온 상황이라 앨리스의 상황 따위 조금도 관심이 가지 않았다.

화면에 붉은 여왕과 그의 부하들이 나오고 있다. 고개를 살짝 돌려 윤준 오빠를 바라봤다. 오빠는 집중해서 영화를 보고 있다. 오빠, 그동안 잘 지냈어요? 어쩌면 그렇게 오빠를 깡그리 잊어버릴 수 있지? 윤준 오빠는 한때 나의 전부였는데. 나의 중학교 시절을 채운 건 영화만이 아니다. 윤준 오빠도 있었다. 윤준 오빠는 1년 선배로 영화 감상 동아리 부장이었는데 난 윤준 오빠를 보고 첫눈에 반했다. 오빠는 만화책 속에서 튀어나온 캐릭터 같았다. 그 시절 내가 좋아하던 비스트의 윤두준과 외모도 스타일도 말투도 닮았고 두준과 윤준, 심지어 이름까지 비슷했다.

전학을 온 게 끔찍하게 싫었지만 동아리에 들어와 오빠를 만나게 된 후 그 마음이 반 정도는 줄었다. 오빠와 같은 공간에 있을 수 있는 수요일만 기다렸다. 학교 복도에서 오빠를 마주치는 것만으로도 좋았다. 오빠는 가볍게 손을 들어 인사를 해주거나 눈인사를 해주었고 나도 고개를 꾸벅 숙여 인사했는데 그때 심장이 얼마나 두근댔는지 모른다. 이마에 열이 나는 것 같아 한참 손으로 이마를 짚고 있었다. 물론 나는 오빠와 제대로 된 대화조차 해본 적이 없다. 엄밀히 말하면 첫사랑이 아니라 첫 짝사랑이 맞을 거다. 혼자 좋아하다가 끝이 나버렸으니까. 겨울 방학을 앞두고 오빠는 같은 동아리 부원이었던 세영 언니와 사귀었다. 그 소식을 듣고 집에 와서 얼마나 울었는지 모른다.

윤준 오빠 옆에 바로 세영 언니가 앉아 있었고 난 언니를 노려봤다. 워낙 둘이 친하게 지내 동아리 아이들이 사귀는 게 아니냐고 물었지만 그때마다 둘 다 절대 아니라고 했었다.

"나랑 재랑? 야, 말도 안 돼."

"윤준이는 내 스타일이 아니거든."

"흥, 누가 할 소리?"

"내가 평생 혼자여도 재랑은 안 사귄다고."

저렇게 서로가 딱 잡아떼며 아니라고 하니까 정말 사귀지 않을 줄 알았는데 졸업을 앞두고 둘은 사귀게 되었다며 동아리 사람들에게 알렸다.

영화가 끝났고 때맞춰 6교시 끝을 알리는 종소리도 울렸다. 선생님은 다음 시간에 〈이상한 나라의 앨리스〉와 관련해 토론 거리를 준비해 오라고 일렀다. 영화 감상부는 한 주 영화 감상, 다음 한 주는 토론을 했다. 선생님이 말하는 중에도 나의 시선은 계속 윤준 오빠와 세영 언니 쪽으로 가 있었다. 둘은 꾀꼬리처럼 정답게 대화를 나누고 있다. 〈황조가〉를 지은 유리왕의 마음을 백번 천번 이해할 수 있을 것 같았다. 저러면서 아무 사이 아니라고 그렇게 우기다니! 꾀꼬리 두 마리는 가방을 들고 나란히 교실을 나갔다.

닭 쫓던 개 지붕 쳐다보는 것도 아니고 언제까지 윤준 오빠가 나간 곳만 보고 있을 수는 없었다. 가방을 챙기고 있는데 누군가 내 자리로 다가왔다.

"저기 이거."

어떤 남자애가 나에게 쇼핑백을 내밀었다.

"이게 뭐야?"

"지난주에 내가 말했던 거. 다행히 삼촌이 갖고 있더라고."

쇼핑백을 열어 그 안에 든 물건을 꺼냈다. 〈플란다스의 개〉 DVD다. 아, 기억났다. 중학교에 다닐 때 이 영화를 봤다. 그때 DVD로 봤었나? 맞다. 봉준호 감독이 만든 첫 영화 〈플란다스의 개〉는 인기가 없어서 인터넷 공유 사이트에도 없었다. 동아리에서 영화 〈괴물〉을 보며 토론을 할 때 내가 〈플란다스의 개〉를 보고 싶다고 말했고 누군가 빌려주었다. 그게 이 아이였구나. 친하지 않았던 아이라서 이름이 기억나지 않았다.

"고마워, 잘 볼게."

이미 너한테 빌려 봤다고 할 수 없어 DVD를 받아 들었다. DVD라니. 요즘은 찾으려야 찾을 수 없는 추억의 물건이다.

남자애와 함께 교실에서 나오는데 맞은편에서 오던 남자 아이들 무리가 다가왔다.

"야, 지해성. 축구 안 할래?"

이 아이 이름이 지해성인가 보다.

"안 돼. 나 오늘 일찍 가야 해."

해성도 학교가 끝나고 곧바로 집으로 가나 보다. 해성과 나는 함께 계단을 내려왔고 1층 현관부터 운동장도 같이 걸었다.

"넌 〈플란다스의 개〉 봤어?"

"응. 주말에 삼촌 집에서 빌려 와서 봤는데 엄청 독특하더라고. 〈괴물〉이나 〈마더〉랑은 완전히 달라. 이건 만화 같기도 하고 좀 그랬어."

"그래? 근데 너 〈마더〉 봤어? 그거 청불 아냐?"

"아, 그렇지. 근데 봤어."

해성이 어색하게 하하 웃으며 대답했다. 하긴 뭐 나도 10대 때 청소년 관람 불가 영화들을 다양한 방법으로 많이 봤다.

"지금 봉준호, 미국에서 외국 영화배우들이랑 영화 찍고 있대. 송강호랑 틸다 스윈튼이 출연한대. 인터넷에 기사 떴더라고."

해성이 조금 흥분된 말투로 말했다. 해성이 말하는 영화는 〈설국열차〉인 것 같다.

"그 영화도 재밌긴 하지."

나도 모르게 이 말을 했다.

"응? 뭐가?"

"아, 재밌겠다고. 봉준호가 새로 만드는 영화."

내가 한 말을 얼른 수습했다.

"하여튼 신기하다. 외국 배우들이랑 영화를 찍다니. 이러다가 막 나중에 봉준호 아카데미에서 상 받고 그러는 거 아냐?"

나는 화들짝 놀라 해성을 바라봤다. 설마 얘도 미래에서 왔나?

"농담이야. 말도 안 되지. 그런 일이 어떻게 생기겠어."

해성은 또다시 헤헤 웃으며 말했다. 웃을 때 목소리가 피글렛과 비슷했는데 얼굴도 꽤 많이 닮았다. 분홍빛 피부에 살짝 들린 코는 피글렛을 연상시켰다. 만화 속 피글렛이 뿔테 안경을 쓴 모습을 상상했더니 웃음이 나와 이로 양 볼살을 꽉 깨물었다.

"봉준호면 또 모르지. 아카데미에서 상 받을지도."

내 말을 들은 해성은 그러면 좋겠다며 또 헤헤 웃었다. 중학생 때는 상상도 못 했다. 우리나라 감독이 아카데미에서 상을 받고 우리나라 가수가 빌보드에서 1위를 달성하고 우리나라 드라마를 전 세계 사람들이 함께 보는 날이 올 거라고는. 그런데 그런 일들이 생겼다.

이야기를 하다 보니 금방 학교 정문 앞에 도착했다.

"넌 어느 쪽으로 가?"

해성이 물어 난 저쪽으로 걸어가면 된다고 대답했다.

"넌 집이 어딘데?"

해성은 학교 뒤편에 있는 아파트를 가리켰다.

"저기, 우리 삼촌 집에 DVD 엄청 많아. 삼촌이 DVD 대여점을 인수받아 카페를 차렸거든. DVD 대여점 사장님이 삼촌에게 거기 있는 DVD들 다 가지라고 했대. 혹시 또 보고 싶은 거 있으면 말해."

해성은 말투도 피글렛처럼 귀엽고 다정했다. 학원에서 일하며 만났던 중2 남자애들과 다르다. 말대꾸하고 대드는 아이들 때문에 얼마나 피곤했는지 모른다. 해성과 같은 아이들만 있었으면 강사 일을 계속했을 수도. 어렴풋이 해성을 알았던 과거가 떠올랐다. 복도에서 유달리 자주 마주친 아이였는데 동아리에서 토론할 때도 항상 내가 택한 팀에 있었다. 나한테 교과서도 몇 번 빌려주었다. 집에 책을 놓고 오면 옆 반에서 빌려 와야 하는데 아는 아이가 없었다. 복도에서 동동거리고 있을 때 해성이 무슨 일이냐고 물어보고는 자기 교과서를 가져다주었다.

"응, 고마워."

해성과 헤어진 후 집을 향해 걸어가는데 아침과 다르게 피곤함이 느껴지지 않았다.

집에 오자마자 낮잠을 자다가 저녁때가 되어서야 일어났다. 여느 날처럼 혼자 저녁을 먹은 후 영화 공유 사이트에 들어갔다. 토토로 필통 때처럼 돌아갈 때가 되면 돌아갈 수 있겠지. 그때까지 영화나 보면서 시간을 보내야겠다.

나의 일과는 12년 전과 다를 게 없다. 다시 중학생이 된 내가 집에 와서 하는 거라곤 영화를 보는 게 전부다. 대신 그때 보지 않았던 영화 위주로 보고 있다. 나는 아무리 좋아하는 영화나 드라마, 책도 같은 것을 두 번은 보지 않는다. 그런데 같은 삶을 두 번 살게 되다니.

이것도 봤고, 저것도 봤고, 또 봤고, 목록에 있는 영화는 죄다 본 것들이다. 끌리는 게 하나도 없다. 차라리 해성이 빌려준 〈플란다스의 개〉를 다시 볼까? 오래전에 봤던 거라 잘 기억이 나지 않는다. 가방에서 DVD를 꺼내 노트북에 넣었다.

영화를 보다 혼자 킥킥 웃었다. 12년 전에 봤을 때보다 더 재밌게 느껴지는 이유는 뭐지. 그때는 이성재 배우가 연기한 시간강사 고윤주가 불쌍하다고 느꼈는데 다시 보니 고윤주 아내가 더 짠하다.

이어폰을 뚫고 바깥에서 다른 소리가 들리기 시작했다. 거실에서 엄마와 아빠가 대화하는 소리다. 내가 영화를 보고 있는 사이 두 분이 퇴근했나 보다.

"진짜 해도 너무하지 않아? 이번 달 지원이 학원비는 어떻게 하라고? 또 언니한테 빌려?"

"내가 일부러 그러냐? 요즘 일 구하는 게 쉽지 않다고. 그래도 당신이 벌잖아."

"내가 벌면 뭐 해? 이자로 다 나가는데. 혜원인 학원도 못 보내고 있다고."

중학생 시절로 돌아왔을 때 어쩌면 내가 우리 집을 일으킬 수 있는 기회를 주려는 게 아닐까 싶었다. 엄마와 아빠에게 강남에 집을 사라고, 애플과 테슬라 주식을 사라고 말해주라는 거구나. 하지만 말할 수 없었다. 몰라서 안 하는 게 아니라 알아도 할 수 없는 일이 있다. 우리 집은 그럴 돈이 없으니까. 공부하면 좋은 대학에 가는 걸 알지만 안 하는 것과 같은 이치이다.

엄마와 아빠는 돈 때문에 자주 싸웠고 엄마는 오빠와 내게 늘 미안해했다. 학원을 보내주지 못하고 과외도 시켜주지 못해 미안하다고 말했다. 공부를 잘하고 싶은 욕심이 없었기에 학원에 다니지 못하는 게 아주 속상하지는 않았다. 학원에 다녀봐야 학원 전기세만 내주는 꼴이 되었을지도 모른다. 아빠 사업이 망하고 이 집으로 이사 오면서 많은 것들이 변했다. 우선 오빠는 돈이 많이 드는 미술 전공을 포기했다. 엄마와 아빠는 예체능은 어중간하게 할 거면 안 하느니만 못하다고 했고 오빠는 몇 번 반항을 하다가 결국 마음을 접었다. 오빠는 대학 입시에 유리한 이과를 선택했고 대학도 공대로 갔다. 그리고 나는 그런 오빠를 보면서 영화와 관련된 학과를 꿈조차 꾸지 않았다. 고등학생 때 입시 지원표에 나와 있는 영화학과 점수를 슬쩍 확인한 적은 있지만 차마 영화학과에 가겠다고 누구에게도, 그러니까 나 자신에게도 솔직하게 말하지 못했다.

엄마가 고생한 걸 알기에 착한 딸이 되고 싶었고 엄마가 원하는 대로 국어교육과에 갔다. 그런데 라임의 말마따나 나는 효녀면 완전 효녀여야 하는데 반만 효녀인 게 문제였다. 전적으로 임용에 매달리지 않았으니까. 어차피 내가 학교 선생님이 된다고 해서 집안 실림에 보탬이 되는 것도 아니었고 나 혼자 먹고살 수 있을 정도의 경제 활동만 하면 되었다. 부모님이 바라는 건 용돈 주는 자녀가 아니라 부모에게 손 내밀지 않는 자녀였을 뿐이다. 그걸 깨닫고 나니 임용 시험에 꼭 붙지 않아도 되었다.

내가 미대를 준비하던 오빠 입장도 아니고 부모님을 원망할 처지도 아니다. 영화 쪽 진로를 선택하지 않은 건 내 선택이었으니까. 영화 동아리 사람들 중에는 나처럼 영화를 좋아하는 이들이 많았지만 다들 현실을 깨닫고 다른 직업을 가졌다. 영화감독을 꿈꿨던 라임도 화장품 회사에 들어갔다.

돌아가면 나는 어찌 살아야 할까? 학원 관리직을 계속하고 싶지 않다. 임시로 시작한 일이고 지금도 마찬가지다. 내가 원하는 게 뭔지 내가 무얼 할 수 있을지 아직도 잘 모르겠다. 중2 때나 지금이나 미래를 생각하면 막막한 건 마찬가지다. 그때는 먼 훗날의 일이라 막연하게 막막했다면 지금은 나에게 닥친 현실이 되어 물속에 잠겨버린 것처럼 답답하다. 도대체 나는 왜 여기로 돌아온 걸까. 돌아온다고 해서 바꿀 수 있는 게 아무것도 없는데. 잘못된 선택이라든가 잘못된 길 같은 건 없다. 아니면 그냥 나 자체가 잘못된 걸까.

"도대체 내가 언제까지 이러고 살아야 하는데?"

"그럼 나보고 어쩌라는 거야?"

아무래도 괜히 돌아왔나 보다. 엄마, 아빠의 싸우는 소리가 점점 더 커졌고 나는 볼륨을 최대한으로 높였다.

사춘기 ____ 입니다만 3

:: 아무도 날 사랑하지 않아

〈플란다스의 개〉 DVD를 며칠째 가방에 들고 다녔다. 돌려주려고 했지만 해성이 몇 반인지 몰랐다. 남자 반 교실을 다 찾으러 다닐 수는 없었다. 그러다가 복도에서 해성을 만났는데 나를 먼저 발견하고 내가 서 있는 쪽으로 뛰어왔다.

"혜원아, 영화 잘 봤어?"

"어, 안 그래도 돌려주려고 가져왔는데."

"그럼 이따가 수업 끝나고 너희 교실로 내가 갈게."

헤어지고 나서야 내가 몇 반인지 알려주지 않았다는 게 떠올랐다.

수업이 모두 끝났을 때 해성이 우리 교실로 들어왔다. 내가 2반인 걸 알고 있나 보다. 난 가방에서 해성에게 받은 쇼핑백 그대로 꺼냈다.

"덕분에 잘 봤어. 고마워."

"그럼 나 떡볶이 사주면 안 돼?"

"응?"

역시 세상에 공짜는 없다. 기억난다. 12년 전에도 해성이 떡볶이를 사달라고 했고 그때 함께 떡볶이를 먹으러 가는 게 싫어서 편의점에서 바나나 우유와 샌드위치를 사다 주는 걸로 해결했다. 그런데 떡볶이 이야기를 들으니 갑자기 떡볶이가 먹고 싶어졌다. 다시 돌아가면 그 집 떡볶이를 못 먹겠지.

"그래. 떡볶이 사줄게. 그럼 지금 갈래?"

"지금? 좋아."

분식점에 거의 다 왔는데 해성이 갑자기 햄버거를 먹지 않겠냐고 물었다. 얘도 참. 떡볶이는 괜찮지만 햄버거는 DVD 대여료치고 비싸다. 난 살짝 인상을 찡그렸다. 지갑에 돈이 얼마나 남았더라.

"아, 내가 햄버거 세트 쿠폰이 있거든. 딱 두 장. 오늘까지 써야 해서 그래. 같이 가서 먹을래?"

"그럼 내가 떡볶이 안 사도 돼?"

"당연하지."

돈도 굳고 잘됐다. 난 얼른 좋다고 대답했다.

햄버거 가게는 학교 앞에서 조금 더 걸어가야 했다. 길을 걸으며 해성과 영화 이야기를 했는데 나와 영화 보는 취향이 비슷했다. 내가 좋아하는 영화를 말하면 다들 지루하고 재미없겠다고 하는데 해성은 나처럼 잔잔한 드라마를 좋아했다.

"참, 나 어제 엄청 독특한 영화 봤다. 〈다즐링 주식회사〉라고. 혹시 봤어?"

해성이 말한 영화 제목은 처음 들어본다. 홍차 회사 이야기냐고 물으니 인도 기차 회사 이름이라고 알려주었다.

"뭐라고 해야 하나. 영화가 너무 예뻐. 색도 예쁘고 소품도 그렇고. 그 뭐더라, 영화에서 쓰는 말. 꾸민 게 막 독특하다고 하는 거 있잖아."

"미장센?"

"맞아, 미장센. 너 되게 똑똑하다."

해성이 또 헤헤 웃으며 말했다. 고작 이런 걸 갖고 똑똑하다고 하다니. 그래도 해성의 칭찬을 들으니 조금 어깨가 올라가는 기분이 들었다.

"나 보통 영화 볼 때 줄거리만 따라가거든. 그런데 이 영화는 볼거리가 너무 많은 거야. 그 DVD도 빌려줄까? 왠지 너도 좋아할 거 같아서."

제목을 들었을 때 별로 내키지 않아 선뜻 대답하지 않았다.

"감독 이름도 멋있어. 웨스 앤더슨. 웨하스 같긴 한데 왠지 세련된 것 같아."

"아! 〈그랜드 부다페스트 호텔〉 만든 사람?"

"응? 그게 뭐야?"

나는 잠깐 멈칫했다. 웨스 앤더슨이 만든 영화 중에 가장 유명한 게 바로 그건데 아직 개봉되기 전인가? 난 해성에게 그 DVD를 빌려달라며 말을 돌렸다. 웨스 앤더슨 영화는 본 적이 없다. 해성은 〈다즐링 주식회사〉가 무척 좋았는지 이 감독이 만든 다른 영화도 다 찾아서 볼 거라고 했다.

햄버거를 먹으면서도 계속 영화 이야기를 했다. 대학 때 영화 동아리를 하면서도 이렇게 영화 이야기를 오래 한 적이 없었는데.

"넌 가장 좋아하는 영화가 뭐야?"

"〈파니 핑크〉."

내가 제목을 말하자 해성은 처음 듣는다고 했다.

"잠깐만. 찾아볼게."

해성이 가방에서 핸드폰을 꺼냈는데 자그마치 스마트폰이었다. 중학생 때 스마트폰을 갖고 있는 아이들은 많지 않았는데.

"오오, 너 금수저였어?"

"응? 금수저? 그게 무슨 말이야?"

해성이 고개를 갸웃했다. 이때는 아직 금수저라는 말이 유행하기 전이었나 보다.

"금으로 만든 수저를 갖고 태어났다는 거지. 어쨌든 부자라서 좋겠다는 뜻이야."

"우리 집 부자 아닌데. 이거 내가 알바 해서 번 돈으로 산 거야."

"알바?"

"응. 삼촌이 운영하는 카페에서 주말마다 알바 해. 스마트폰 사고 싶어서 1년 동안 했어."

해성은 전자 기기에 관심이 아주 많았다. 12년 후에 나온 전자 제품에 대해 이야기해주고 싶어 입이 근질거렸지만 참았다.

"응? 근데 이 영화 청불인데?"

인터넷으로 〈파니 핑크〉를 검색한 해성은 영화 정보를 보고는 지난번 내가 놀린 것처럼 똑같이 놀렸다. 난 모른 척해달라는 뜻으로 검지를 입에 대고 "쉿!"하고 시늉했고 해성은 아무에게도 말하지 않겠다며 맞장구를 쳐주었다.

"이 영화 재밌어?"

"응."

해성은 어떤 영화인지 궁금하다고 했다. 〈파니 핑크〉를 본 건 스무 살 때였다. 지안 언니가 추천해줘서 보게 되었는데 마치 내 이야기 같았다. 영화의 원제는 '아무도 날 사랑하지 않아Keiner liebt mich'였다. 영화를 다 보고 나서 한동안 OST를 엄청 들었는데.

"OST도 좋아. 나중에 한번 들어봐."

해성은 곧바로 〈파니 핑크〉 OST도 검색하더니 이어폰을 꺼내 핸드폰에 꽂았다. 줄 있는 이어폰은 오랜만에 본다.

"자."

해성이 이어폰 줄 한쪽을 내게 내밀었다. 해성은 오른쪽, 나는 왼쪽 줄을 끼었다. 해성이 재생 버튼을 누르자 에디트 피아프의 노래가 흘러나왔다.

"불어네? 〈파니 핑크〉가 프랑스 영화야?"

"아니. 독일 영화인데 OST는 프랑스 노래네."

생각해보니 어울리지 않는 조합이었다. 마치 우리나라 영화에 일본어나 중국어 노래가 나오는 느낌이랄까? 하지만 독일이나 프랑스나 둘 다 내가 사는 나라가 아니기에 어색하지 않았다.

"이 노래 무슨 뜻일까?"

해성은 가사를 전혀 알아듣지 못하겠다며 궁금해했다. 난 이 노래의 제목을 알고 있다.

"난 후회하지 않아."

에디트 피아프의 노래를 듣는 지금 이 순간만큼은 그 어느 것도 후회가 되지 않았다.

다음 날 수업이 끝난 후 해성은 어제 말한 〈다즐링 주식회사〉 DVD를 가져왔다며 우리 교실로 찾아왔다. 가방을 챙겨 들고 해성과 함께 교실에서 나왔다.

"저기, 오늘도 햄버거 먹으러 안 갈래? 집에 쿠폰이 두 장 더 있더라고."

"정말? 나야 좋지."

공짜 햄버거라는데 거절할 이유가 없다. 어차피 집에 가봐야 딱히 먹을 것도 없을 테니까. 열다섯이라 소화력이 좋아서 그런지 먹어도 먹어도 배가 고팠다. 아까도 급식을 두 번이나 배식받아 먹었지만 6교시가 끝날 즈음 소화가 다 되었다.

"참, 나 어제 네가 말한 〈파니 핑크〉 찾아서 봤어. 삼촌 집에 그 DVD도 있더라고."

"정말?"

"응. 좀 어렵더라."

중학생 남자아이에게 그 영화가 재밌을 리는 없었다.

"그치. 나도 대학생 때 본……."

여기까지 말한 후 얼른 입을 다물었다.

"나도 대학생 때 보면 더 재밌었을 거라고."

"그런데 오르페오가 떠날 때 슬펐어. 그때 조금 울었어."

해성은 부끄럽다는 듯 그 말을 했는데 해성이 조금 다르게 보였다. 선오에게도 〈파니 핑크〉가 재밌다며 추천했지만 볼 영화가 천지인데 그런 옛날 영화를 왜 보느냐고 했었다.

운동장을 걸어가고 있는데 두 명의 남자애들이 해성을 불렀다.

"야, 너 학원 안 가? 수학 샘이 기말 대비 문제지 준다고 오늘은 꼭 오래."

해성은 대답하지 않고 그 아이들 쪽으로 손을 흔들었다. 그러고는 교문 쪽으로 급하게 걷는 해성을 나도 졸래졸래 따라갔다.

"너 학원 가야 해?"

"어? 이따가."

"뭐야? 너 땡땡이치는 거야? 오, 지해성. 모범생인 줄 알았는데."

해성이 민망한지 발랄하게 웃었는데 피글렛 웃음소리가 났다.

"너 피글렛 닮았어. 아, 귀엽다는 뜻이야. 오해하지 마."

나는 해성의 기분이 상했을까 봐 얼른 덧붙였다.

"진짜? 에헤헤헤헤."

해성은 아예 일부러 피글렛 목소리를 흉내 냈고 난 웃음을 참지 못하고 크게 터트리고 말았다.

햄버거 가게에 도착했다. 해성이 주문을 하겠다며 먼저 2층에 올라가 있으라고 해서 난 계단을 올라갔다.

아, 콜라 말고 사이다 먹겠다고 말해야 하는데. 난 콜라보다는 사이다를 좋아한다. 어제는 미리 말하지 않아서 기본으로 나온 콜라를 마셨다.

계단을 다시 내려와 해성을 부르려는데 해성이 지갑에서 돈을 꺼내 점원에게 내밀었다. 어? 쿠폰 있다고 했는데 왜 돈을 내지? 설마 어제도 쿠폰이 있던 게 아니었나? 왜 거짓말을 한 거지?

계산을 끝낸 해성이 내 쪽으로 몸을 돌렸고 난 얼른 화장실로 들어와 숨었다.

이제까지 해성의 행동을 곰곰이 떠올려봤다. DVD를 빌려주고 햄버거도 두 번이나 사주었다. 그뿐만이 아니다. 자주 내게 도움을 주고 문자도 보냈다. 그것도 길-게. 중2 남자아이는 아무 이유 없이 긴 문자를 보내지 않는다. 어제 학원을 빠진 것도 나랑 햄버거를 먹기 위해서였을까? 흩어져 있던 조각들이 하나로 맞추어졌다. 아무래도 해성이 나를 좋아했던 게 분명하다.

그때는 해성의 마음을 조금도 짐작하지 못했다. 세상에 나를 좋아해줄 사람은 아무도 없을 줄 알았다. 나는 예쁘지도 않고 공부를 잘하는 것도 아니고 재미가 있는 것도 아니니까. 나를 좋아할 이유는 하나도 없었다. 그런데 해성은 그런 나를 좋아해주고 있다. 화장실 거울 앞에 열다섯의 내가 서 있다. 가까이 다가가 내 얼굴을 살폈다. 조금은 귀여운 것도 같다. 거울을 보며 씨익 하고 웃었다. 웃으니까 훨씬 낫다. 진작 좀 웃을걸. 어쩌면 이때의 나는 내가 알던 것보다 더 괜찮은 아이였는지도 모르겠다.

화장실에서 나와 2층으로 올라갔다. 이미 햄버거 세트를 받아 온 해성이 나를 기다리고 있었다.

"먼저 먹지 그랬어."

"조금 기다리면 되는데 뭘."

가만히 해성의 얼굴을 들여다봤다. 그 시절 해성을 더 자세히 알았다면 참 좋았을 텐데. 원래대로 돌아가더라도 해성만큼은 꼭 기억해야지.

"고마워, 해성아."

"나도 금방 왔어. 얼른 먹어."

해성이 햄버거 포장지를 뜯기 시작했고 나도 따라서 포장지를 벗겼다. 아직 햄버거를 한 입도 먹지 않았지만 벌써 배가 불렀다.

도대체 언제 원래대로 다시 돌아갈 수 있는 걸까? 이곳에 온 지 일주일도 넘게 지났다. 필통을 찾으러 갔을 때는 그곳에서 3일을 머물렀다. 이러다가 영영 이 세계에 갇히는 건 아니겠지? 두 번은 겪고 싶지 않은 일이 너무 많은데.

특히 수업이 재미가 하나도 없다. 초2 공부는 너무 쉬웠는데 중2 공부는 두 번을 해도 어렵다. 이건 열 번을 반복해도 그럴 것 같다.

수업이 모두 끝난 후 후문 쪽으로 걸었다. 후문으로 나오면 집까지 조금 덜 걸어도 된다. 그걸 잊어버려서 돌아온 이후 계속 정문으로 다녔다. 대부분의 아이들이 정문으로 다니는지 후문으로 하교하는 아이는 거의 없었다.

후문을 나와 좁은 골목을 걸어가고 있는데 저 멀리 누군가 서 있다. 여름이 다 되어가는데 웬 바바리? 보기만 해도 더운데.

아, 이제야 기억났다. 왜 내가, 우리 학교 아이들이 후문을 피했는지. 저 바바리는 그 바바리맨이 맞다.

바바리맨은 내가 더 가까이 오기를 기다리고 있다. 나도 한 발 한 발 걸어가며 바바리맨의 다음 행동을 기다렸다. 도망치지 않고 똑바로 보며 욕해줄 거다. 그때의 나는 무서워서 도망쳤지만 저딴 놈들은 큰 소리에 깨갱거린다.

와라. 아니, 그대로 서 있을 거면 내가 가마.

바바리맨을 향해 한 발 더 걸어갔을 때 바바리맨은 움켜쥐고 있던 옷을 활짝 열었다. 욕을 시전하려고 하는데 누군가 내 앞을 막아서며 손으로 내 눈을 가렸다. '이건 또 뭐야?' 하고 손을 치우려고 하는데 아는 목소리가 들렸다.

사춘기 ____ 입니다만 4

:: 고백

"보지 마."

윤준 오빠는 내게 이 말을 한 후 바바리맨에게 소리를 질렀다.

"아저씨, 신고했어요. 다시는 우리 학교 앞에 얼쩡거리지 마요!"

다다다닥 하고 바바리맨이 도망치는 발소리가 들렸다.

오빠가 내 눈을 가리고 있던 손을 거두었다.

"혜원아, 괜찮아?"

나는 아무 대답도 못 한 채 오빠를 바라봤다. 12년 전에도 똑같은 일이 있었고 그날 윤준 오빠를 더 좋아하게 되었다.

"놀랐지?"

"네."

"나도 이야기만 들었지, 진짜 저런 놈들이 있을 줄 몰랐어."

나는 저 변태의 최후를 알고 있다. 2학년 말 즈음 우리 학교 3학년 선배 언니들이 쫓아가 잡고서 경찰서에 신고했다. 변태는 멀쩡히 회사에 다니고 있었고 결혼을 해 초등학교에 다니는 아이도 둘씩이나 되었다. 경찰에게 제발 자기 가족만은 모르게 해달라며 싹싹 빌다가 그게 안 먹히니 인성중학교에 불을 지르겠다고 협박했다.

윤준 오빠와 함께 골목을 빠져나와 계속 걸었다. 대로변에 있는 편의점 앞에 도착하자 오빠가 잠깐만 기다리라고 했다.

그날이 기억난다. 편의점에 들어간 오빠는 잠시 후 딸기 우유를 사 가지고 나와 내게 주었지.

정말로 편의점에서 나온 윤준 오빠가 내게 딸기 우유를 건넸다.

"이거라도 마셔. 많이 놀랐겠다."

오빠가 준 딸기 우유를 받아 들었다.

"여긴 사람들이 많이 다녀서 괜찮을 거야. 조심해서 잘

가.”

오빠가 내게 손을 흔들어 인사한 후 뒤돌아 갔다. 오빠는 일부러 큰길까지 나를 데려다준 거였다.

딸기 우유가 아까워 마시지 않고 그대로 들고 걸었다. 그러다 문득 이 딸기 우유를 내가 마시지 못한 기억이 떠올랐다. 아끼고 아꼈다가 먹으려고 냉장고에 넣어두었는데 오빠 놈이 홀라당 마셨더랬지. 또다시 그런 일이 생기게 둘 수는 없다. 우유 입구를 열어 조금씩 천천히 마셨다. 아아, 딸기 우유가 이렇게 달콤한 맛이었구나. 앞으로 이보다 더 다디단 딸기 우유를 마실 수 없을 것만 같다.

봉인이 풀려버린 것처럼 잊고 있던 기억들뿐만 아니라 감정들까지 우르르 쏟아져 나왔다. 열다섯의 몸만이 아니라 마음으로도 돌아왔나 보다. 몸이 마음을 지배하는 건가. 이 감정이 다시 들다니. 집으로 돌아온 이후에도 계속 같은 생각이 머릿속을 맴돌았다. 중학생 때 뇌 구조 그림이 유행했다. 머리 안에 구름 모양을 여러 개 그린 후 무슨 생각을 하는지 적는 거다. 지금 내 머릿속 다양한 크기의 구름들이 하나의 커다란 구름으로 합쳐졌고 거기에 딱 한 단어를 적을 수 있다. 바로 윤준 오빠. 딸기 우유를 받은 이후로 계속 윤준 오빠 생각만 난다. 하나의 생각으로도 머리가 이렇게 복잡해질 수 있다는 걸 그동안 잊고 있었다.

윤준 오빠 생각으로 뜨거워진 머리를 식힐 생각으로 노트북을 켰다. 영화를 보면 잠깐 생각을 멈출 수 있을 거다.

며칠 전 해성이 빌려준 〈다즐링 주식회사〉를 아직 보지 못했다. 딱히 끌리진 않아 며칠째 책상 위에 그대로 두었다. 다른 영화를 찾는 것도 귀찮아 그 영화를 재생했다.

아, 그동안 왜 웨스 앤더슨 영화를 안 봤던 거야! 영화는 예상보다 더 재밌었다. 해성이 왜 극찬을 했는지 알 것 같다. 콩가루 3형제와 선로가 있어도 길을 잃는 인도 기차의 엉망진창 여행기라니 완전히 내 스타일이었다. 웨스 앤더슨 감독의 영화 가운데 〈그랜드 부다페스트 호텔〉을 최고로 꼽는 사람들이 많았다. 그 영화는 얼마나 더 재미있는 거지? 원래대로 돌아가면 〈그랜드 부다페스트 호텔〉부터 찾아서 봐야지.

영화가 끝나자마자 다시 윤준 오빠 생각이 났다. 눈을 뜨면 윤준 오빠가 눈앞에 아른거렸고 눈을 감아도 윤준 오빠 모습이 떠올랐다. 중3 남자애에게 정신이 팔려 있다니. 열한 살이나 어린 애한테 지금 무슨 마음을 품는 거냐? 이건 범죄

다, 범죄! 하며 나를 협박하다가도 어쨌든 내 몸은 열다섯이니 괜찮은 거 아닌가 하며 타협을 하자고 손을 내밀었다.

핸드폰에는 윤준 오빠 번호가 있었다. 따로 연락한 적은 없지만 동아리 회장이라 저장되어 있었다. 나는 오빠에게 고마웠다는 문자를 보내려고 몇 번이나 썼다가 지웠다.

핸드폰을 손에 쥐고 있는데 새 문자가 왔다. 해성이었다.

-혜원아, 뭐 해? 토요일에 영화 보러 안 갈래? 나 삼촌이 영화 티켓 줬거든.

해성을 만나 〈다즐링 주식회사〉 영화 이야기를 하면 좋을 것 같았다. 좋다고 보내려는데 하필 이번 주 토요일에 할머니 생신 파티가 있는 게 떠올랐다. 아까 엄마가 내게 꼭 같이 가야 한다고 일렀다. 내가 토요일에 시간이 안 된다고 했더니 해성은 다음에 티켓이 생기면 그때 같이 가자고 했다.

해성과 메시지를 주고받으면서도 내 마음은 온통 윤준 오빠에게 가 있었다. 윤준 오빠는 지금 어떻게 지내고 있을까? SNS에서 찾아보면 나올 수도 있을 텐데 중학교를 졸업한 이후 까맣게 잊어버리고 지냈다. 나는 정말로 열다섯이 되어버린 걸까? 왜 윤준 오빠가 내 마음을 가득 채우고 있는 거지. 아무리 밀어내려고 해도 오빠는 사라지지 않는다.

어쩌면 이번 열쇠가 윤준 오빠인 걸까? 지난번 초2로 돌아갔을 때 나를 힘들게 한 김슬아에게 싫다는 말을 한 후에야 원래대로 돌아왔다. 그래, 이번에는 윤준 오빠가 분명해. 윤준 오빠는 영원히 내 마음 한가운데 자리 잡고 있을 줄 알았다. 하지만 오빠가 졸업을 한 후로 나는 점점 오빠를 잊었다. 가끔 그때 좋아한다는 고백이라도 해볼걸, 하고 후회했다.

이제까지 짝사랑은 여러 번 했지만 좋아한다는 고백은 한 번도 해본 적이 없다. 연애를 할 때도 상대가 사귀자고 해서 받아들였을 뿐이다.

선오를 만나기 전, 짝사랑하던 과 선배가 있었다. 1년 선배였던 유재 오빠를 좋아했지만 좋아한다는 말을 하지 못했다. 아, 할 뻔도 했다. 유재 오빠와 친하게 지내며 밥도 먹고 영화도 보러 다녔다. 유재 오빠에게 고민을 가장해서 내가 좋아하는 사람이 있는데 고백을 해야 할지 말아야 할지 모르겠다고 토로했다. 그때 유재 오빠는 내 눈을 똑바로 바라보며 말했다.

"혜원아, 절대 고백하지 마. 절대로."

오빠의 말투와 표정이 너무 결연해 나도 모르게 세차게 고개를 끄덕이며 알았다고 말했다. 함께 전쟁에 참전한 상관이 "전우, 반드시 살아야 하네. 반드시"라고 말하는 줄 알았다.

얼마 지나지 않아 선오와 연애를 시작했기에 유재 오빠와 사귀지 못한 건 별로 아쉽지 않았지만 고백하지 못한 건 가끔 후회가 되었다.

그렇다. 이번 열쇠는 '고백'이 분명하다.

어떻게 윤준 오빠에게 내 마음을 전해야 할까 고민했다. 단둘이 있을 때를 노렸지만 그런 기회는 잘 찾아오지 않았다.

언제까지 기다리고 있을 수만은 없어 오빠에게 동아리 활동과 관련하여 할 말이 있다며 시간을 내달라고 문자를 보냈다. 오빠는 오늘 7교시 수업이 끝난 후 등나무 벤치에서 보자고 했다.

벤치에는 오빠가 먼저 도착해 있었다.

"동아리에서 무슨 일 있어?"

오빠가 물었다. 아무 이유 없이 보자고 하면 이상할 것 같아서 동아리 관련 일이라고 말한 거였다.

"오빠, 그날 고마웠어요."

"맞다. 그날 괜찮았어?"

"네."

나는 윤준 오빠를 바라봤다. 지금이 기회다. 지금 바로 말해야 한다.

"오빠, 저 오빠 좋아해요."

나는 너무 진지하지도 않게 그렇다고 너무 가볍지도 않게 그 말을 했고 오빠 얼굴에 물음표와 느낌표가 뒤섞인 채 가득 찼다. 당황한 오빠는 아무 말도 못 했다.

"그냥 그렇다고요."

말하고 나니 속이 후련했다. 이 한마디를 왜 하지 못해서 그때 그렇게 끙끙거렸을까.

"사귀자거나 뭐 그런 건 절대 아니에요. 꼭 말하고 싶었어요. 그게 다예요. 어차피 오빠는 세영 언니랑 사귈 테니까요. 전 다 알고 있거든요. 그럼 저 갈게요."

오빠에게 그 말을 하고 돌아서는데 내 앞쪽에 해성이 서 있었다. 내가 고백한 걸 다 들었을까? 물어보지 않아도 해성의 표정을 보니 답을 알 것 같았다. 얼굴이 일그러져 있었으니까.

해성은 몸을 돌려 도망치듯 달려갔고 나는 그 뒷모습을 그대로 바라볼 수밖에 없었다.

의도하지 않았지만 해성에게 상처를 주고 말았다. 다음 날 학교에서 마주쳤지만 해성은 나를 모르는 체했다. 평소였다면 반가워하며 손을 흔들어주었을 텐데 날 보자 몸을 돌려 반대쪽으로 가버렸다. 자꾸 해성이 신경 쓰였다.

윤준 오빠는 어색하게 나를 대했다. 그대로인 건 나뿐이다. 고백을 했지만 원래대로 돌아갈 기미가 안 보인다. 돌아가는 방법이 고백이 아니었던가? 아아, 괜히 고백을 한 건가.

"준비 다 했어?"

엄마가 방문을 두드리며 물었고 나는 잠갔던 문을 열며 방을 나갔다.

"가기 싫은데."

"너까지 안 가면 어떡해?"

내 입에서 풍선 바람 빠지듯 푸우 소리가 났다. 오늘 할머니 생신 파티가 있는데 고3인 오빠는 학원 특강이 있어서 빠지지만 나는 가야만 한다. 이럴 땐 고3인 오빠가 부럽다.

엄마, 아빠와 함께 집을 나섰다.

"그냥 택시 타면 안 돼? 짐도 있는데."

내가 하고 싶은 소리를 아빠가 대신했다. 엄마는 거기까지 택시비가 얼마인 줄이나 아느냐며 뭐라고 했다. 이사를 오면서 아빠 차도 팔았다. 차가 오래되어 중고 가격을 얼마 받지도 못했지만 자동차 보험료와 세금 낼 돈을 아껴야 한다며 엄마는 차를 팔자고 했다.

마을버스를 타고 지하철역까지 왔다. 토요일 오후라 지하철 안에 사람이 많지 않아 다행이었다. 우리 셋은 자리가 나는 대로 찾아가 띄엄띄엄 앉았다.

지하철 안 사람들의 모습이 어딘가 낯설었다. 핸드폰을 보는 사람은 거의 없고 책을 보고 있거나 종이 신문을 읽고 있다. 아직 스마트폰을 많이 쓰지 않아서 그런가 보다. 나는 멍하니 앉아 있다가 꾸벅꾸벅 졸았다.

"혜원아, 일어나."

엄마의 부름에 눈을 떴다. 원래대로 돌아온 건가 싶었는데 아니다. 아직 열다섯의 몸 그대로다.

엄마, 아빠를 따라 지하철에서 내렸다. 할머니 생신 파티는 고모 집 근처에 있는 갈빗집에서 하기로 했다.

식당에는 할머니, 큰고모와 둘째 고모네 가족이 먼저 도착해 있었다. 큰고모는 아빠의 누나이고 둘째 고모는 아빠 여

동생인데 두 분 다 아빠보다 결혼을 늦게 해서 사촌들이 나보다 어리다. 두 집 다 아들이 두 명씩이고 모두 초등학생이다. 아빠는 지하철을 타고 오느라 늦었다고 말했고 엄마는 괜한 소리를 했다며 아빠 팔을 꼬집었다.

나는 어른들에게 고개를 꾸벅 숙여 인사했다.

"어머, 혜원이 여드름 왜 이렇게 많이 났어? 세수 좀 잘 해야겠다."

둘째 고모가 나를 보자마자 한마디 했다. 큰고모가 원래 다 그럴 때가 아니냐며 기분 나쁜 말 좀 하지 말라고 거들었지만 두 고모의 말과 행동 모두 기분은 안 좋았다.

우리 가족의 자리는 안쪽 맨 끝이었는데 난 그중에서도 가장 끝자리를 골라서 앉았다.

사춘기 ____ 입니다만 5

:: 내 잘못이 아니야

"고기 나오기 전에 케이크 먼저 하자."

둘째 고모가 상자에서 케이크를 꺼냈다. 생크림 케이크 위에 할머니 연세에 맞춰 초를 꽂았고 동생들이 생일 축하 노래를 불렀다.

"사랑하는 할머니 생일 축하합니다."

할머니가 초를 불 때 동생들이 함께 불었다. 둘째 고모가 케이크 위의 초를 뽑았고 큰고모가 선물이라며 할머니에게 봉투를 내밀었다.

"엄마는 현금이 제일 좋지?"

초를 뽑던 둘째 고모도 고모부에게 얼른 드리라고 말했다. 둘째 고모부도 "생신 축하드립니다, 장모님. 오래오래 사세요"라고 말하며 봉투를 내밀었다. 밑반찬을 집어 먹고 있던 아빠도 아차 싶었는지 서둘러 가져온 선물을 할머니에게 드렸다.

"어머니한테 잘 어울릴 거 같아서 준비했어요."

내 옆에 있던 엄마가 말했다. 할머니는 아빠에게 건네받은 쇼핑백에서 분홍색 봄 점퍼를 꺼냈다.

"언니도 참. 봄 다 지났는데."

둘째 고모가 흘깃 보더니 한마디 했고 할머니는 아직 아침, 저녁으로 쌀쌀하다며 고맙다고 말했다. 엄마는 할머니 생신 선물을 고르면서 많이 고민했다. 없는 형편이라고 안 할 수도 없고 그렇다고 할머니가 좋아하는 현금을 드릴 수는 없었다. 빌린 돈도 못 갚는 상황이니까. 결국 엄마는 외할머니가 엄마 생일 때 옷 사 입으라고 준 백화점 상품권을 쓰지 않고 있다가 이번에 사용했다.

내가 인상을 쓰자 엄마가 팔꿈치로 내 팔을 툭 쳤다. 엄마는 내게 고모들 심기를 건드리지 말라며 신신당부했다. 아빠는 혼자 망하지 않았다. 할머니와 고모들에게까지 돈을 빌렸고 갚지 못했는데 특히 큰고모 돈을 가장 많이 빌렸다. 김장철이 되면 엄마는 할머니 집으로 가서 배추김치 100포기를 담근다. 우리 집은 김치를 잘 먹지도 않는데. 그중 절반 이상은 큰고모네랑 큰고모부의 부모님과 형제 집으로 간다. 그것뿐만이 아니다. 큰고모부 부모님 생신 때는 엄마가 고모 집에 가서 상을 차린다. 엄마의 음식 솜씨가 좋다며 도와달라고 매번 부탁을 하고 엄마는 거절하지 못하고 큰고모 집으로 간다. 그렇게 큰고모에게 불려 다닌 엄마는 집에 와서 며칠을 힘들다고 앓아누웠고 그 모습을 볼 때마다 속이 상했다. 돈을 빌린 건 큰고모 동생인 아빠인데 왜 일은 엄마가 해야 하는지 모르겠다. 내가 안 가면 안 되느냐고 물으면 엄마는 "올해까지만"이라고 말했다. 하지만 고모부네 부모님이 돌아가신 후에는 큰고모부 생신상을 차리러 갔다. 얼마 전인 올봄에도 고모 집에 다녀왔다.

고모 둘이 계속 이야기를 하고 있고 고모부들도 한마디씩 거들고 있다. 아빠와 엄마는 아무 말도 하지 않고 있다. 이 분위기, 정말 싫다. 눈치 보는 아빠와 엄마 때문에 덩달아 나까지 불편하다. 이렇게 다시 만나도 하나도 안 반가운 사람들이 있구나. 이 자리에 있는 친척들 모두가 그렇다. 우리 가족은 이면지처럼 구석에서 구겨져 있다.

종업원이 갈비를 가져와 굽기 시작했다. 그래, 갈비나 먹자. 먹고 죽은 귀신은 때깔도 좋다고 하니 여기서 잘 먹고 돌아가면 얼굴빛이라도 좋겠지.

불판 위에 있는 갈비를 가져와 쌈장에 찍어 먹고 있는데 둘째 고모가 한마디 했다.

"혜원아, 기름진 거 많이 먹지 마. 여드름 더 생겨."

나는 젓가락을 슬그머니 내려놓았다.

"한창 먹을 때인데 왜 그래? 먹어, 혜원아. 고모가 사는 거야. 많이 먹어도 돼."

큰고모는 그럴 의도가 아니겠지만 왜 내 귀에는 너희 아빠가 사지 못하지만 많이 먹어도 된다는 것처럼 들리는 걸까. 내 귀가 꼬인 걸까. 나는 컵을 들어 연신 물만 마셨다.

갈비를 다 먹은 후 큰고모가 자기 집에 들러 차를 마시자고 했다. 할머니와 둘째 고모가 좋다고 했고 다 같이 따라갔다. 엄마, 아빠의 의견은 중요치 않았다.

큰고모 집은 식당에서 걸어서 5분 거리다. 길을 걷고 있는데 갑자기 12년 전 일이 떠올랐다.

할머니 생신날이었다. 그날도 식당에서 식사를 한 후 큰고모 집으로 갔다. 주방에서 물을 마시고 있는데 사촌 동생들이 자기들끼리 칼싸움을 하다가 나를 밀었다. 내가 뒷걸음치다가 넘어지면서 장식장을 건드렸고 접시가 바닥에 떨어져 깨졌는데 하필 깨진 접시는 큰고모가 아끼는 거였다. 그때 동생 중 하나가 내게 칼을 휘두르는 바람에 큰 접시 조각을 밟았다. 달려온 둘째 고모가 "이게 얼만데?" 하고 소리를 질렀고 아빠는 큰고모에게 사과하라며 발에서 피가 나는 내 팔을 잡아끌었다. 난 아빠가 시키는 대로 큰고모에게 사과했다. 그리고 곧바로 병원에 갔던가? 며칠이 지나고 갔던가? 하여튼 그 사고로 병원에 가서 열 바늘이나 꿰맸다.

오늘이 바로 그날이구나.

큰고모 집에 도착했다. 모두가 거실에 모였고 나도 소파 옆에 쭈그리고 앉았다. 12년 전에는 자리가 없어서 주방 식탁에 앉아 있었지만 오늘은 절대 주방에 들어가지 말아야지. 두 번 피를 보고 싶지는 않다.

엄마는 큰고모가 가져온 참외를 깎는 중이다. 거실 탁자에 둘러앉아 어른들은 과일을 먹고 있고 네 명의 동생들은 정신없이 뛰어다니고 있다. 아랫집에서 연락 온다며 큰고모가 잔소리를 했지만 말을 들을 초등학생들이 아니다.

아까 식당에서 물을 너무 많이 마셨나 보다. 화장실에 갔다가 나오는데 거실 쪽은 여전히 정신이 없었다. 화장실 앞에 있는 서재 문이 열려 있어서 거기로 갔다.

진작 여기로 올걸. 여긴 아주 조용하다. 의자에 앉아 오른발의 양말을 벗은 후 발바닥을 살폈다. 흉터는 없다. 발바닥이라 일상생활 중에는 흉터가 보이진 않지만 가끔 보면 괜히 속상했다. 오늘 조심한다면 지금처럼 깨끗한 발바닥을 가질 수 있겠지.

주머니에서 핸드폰을 꺼내 해성과 주고받은 문자를 봤다. 다음에 같이 영화를 보러 가자는 문자가 마지막이다. 윤준 오빠에게 고백한 걸 본 이후로 해성에게 연락이 오지 않았다. 앞으로 해성과 함께 영화를 보러 갈 일은 없겠지.

책상에 엎드려 있는데 벌컥 문이 열리며 사촌 동생들이 들어왔다. 네 명의 아이들은 둘씩 팀을 나눠 칼싸움을 했다. 공격을 받고 있는 큰고모 아들인 성재와 윤재가 내가 있는 책상 쪽으로 점점 밀려왔다.

"이제 너희들은 죽은 목숨이다!"

아무래도 내가 이곳에서 나가야 할 것 같다. 아이들을 피하기 위해 의자에서 일어났는데 네 명의 아이가 한꺼번에 내가 서 있는 책장 앞으로 몰려왔다. 나는 책장에 등을 바짝 붙인 채 재빠르게 문을 향해 게걸음으로 걸었다.

"내 칼을 받아라!"

성재와 맞서고 있던 진우가 칼을 휘둘렀고 성재가 피하는 바람에 내 왼팔이 맞았다.

"아!"

내가 아프다고 소리치자 진우가 깔깔거리며 웃었다.

"어? 여기 도망자가 있다! 잡아라!"

진우가 나를 가리켰고 나머지 세 명이 진우와 함께 칼로 나를 마구 공격했다. 플라스틱이지만 단단해서 팔로 막아도 아팠다.

"하지 마. 아파!"

그만하라고 했지만 내가 반응하자 아이들은 더 재밌어했다. 안 되겠다. 도망쳐야지.

몸을 돌려 방문 쪽으로 달려가는데 내 얼굴 앞으로 칼이 쑥 들어왔고 그걸 피하려다 오른 팔꿈치로 책장을 쳤다.

쿵.

책장에 있던 고모부의 프라모델이 떨어지는 게 보였다.

잡으려고 손을 뻗었지만 잡지 못했다. 바닥으로 떨어진 프라모델이 산산조각났다. 고모부가 자식보다 더 아끼는 건데. 12년 전 내가 깨트린 고모의 접시와 지금 깨트린 고모부의 프라모델 중 뭐가 더 비싼 걸까?

"아빠! 혜원 누나가 아빠가 제일 아끼는 건담 망가트렸어!"

성재가 바깥으로 나가며 소리쳤다.

잠시 후 거실에 있던 어른들이 우르르 몰려왔다. 찰나의 순간에 어른들의 표정이 모두 눈에 들어왔다. 충격을 받은 큰고모부와 인상을 쓴 큰고모, 어쩔 줄 몰라 하는 엄마와 아빠. 아아, 이게 아닌데.

큰고모부가 내 옆으로 달려와 분리된 건담을 안아 들었다. 조용한 큰고모부는 "어떻게, 어떻게" 하고 계속 탄식했고 성재가 다시 한번 내가 그랬다고 일렀다.

"유혜원! 너 왜 그랬어? 그거 고모부가 얼마나 아끼는 줄 몰라? 왜 사고를 쳐?"

아빠가 버럭 소리를 질렀고 아무도 아빠를 말리지 않았다.

"형님, 죄송해요. 저희가 어떻게든 변상할게요."

아빠가 건담을 든 채 벌벌 떨고 있는 큰고모부 옆으로 가서 말했다.

"이거…… 한정판이라서…… 구할 수도 없어."

큰고모부가 다 죽어가는 목소리로 대답했다. 그때 그 접시는 한정판까지는 아니었던 거 같은데 상황이 더 나빠진 걸까?

"너 뭐해? 얼른 고모부한테 사과해. 조심 좀 하지 그랬어. 왜 사고를 쳐? 사고를?"

아빠가 나를 노려보며 소리쳤다.

접시를 안 깨려고 여기로 온 건데 더 큰 것을 망가트린 건가. 그런데 왜 나만 혼나야 하지? 서재에서 조심하지 않고 칼싸움을 한 건 저 네 마리의 너구리들인걸. 12년 전에도 다친 건 난데 나만 혼났다.

"쟤들이 칼로 날 때렸어. 피하려다가 그런 거라고."

"얼른 잘못했다고 말해. 어른들 앞에서 왜 말대꾸야?"

아빠가 조용히 하라며 내게 화를 냈다.

"아빠가 물었잖아. 왜 사고 친 거냐고. 그래서 있었던 일을 말한 것뿐이야. 내가 때리지 말라고 했는데도 쟤네가 칼로 나를 계속 때렸다고. 저걸로 맞으면 얼마나 아픈 줄 알아?"

흥분하지 않으려고 했지만 내 목소리는 점점 더 높아졌다.

"너희 칼싸움하지 말라고 했더니 여기서 했어?"

둘째 고모가 너구리들에게 소리쳤다. 너구리들은 한 손에 하나씩 칼을 들고 있었다.

"그것 봐. 나만 잘못한 게 아니잖아. 근데 왜 나만 혼내? 왜 나만?"

이렇게 말하고 나니 속이 조금 시원했다. 그런데 엄마는 안절부절못한 채 할머니 옆에 서 있다. 엄마, 제발 그러지 좀 마. 엄마가 왜 주눅 든 채 그러고 있어?

도저히 안 되겠다. 이왕 말을 꺼낸 거 할 말 다 해버려야지.

"할머니, 저희 김치 안 먹어요. 그러니까 김장 그렇게 많이 하지 마세요. 왜 우리 엄마가 먹지도 않는 김치를 100포기나 담가야 해요? 그리고 큰고모! 고모부 집 행사 때 우리 엄마 부르지 마세요. 사람 필요하면 고모 동생인 아빠 불러요. 앞으로 다신 엄마 불러서 부려먹지 마시라고요, 좀!"

어른들은 놀란 표정을 지은 채 입을 아 하고 벌리고 있었고 너구리들은 그사이를 못 참고 킥킥대며 칼싸움을 하고 있었다.

"누나, 얘가 사춘기라 그래. 이해해."

나는 아빠를 홱 쳐다보며 쏘아붙였다.

"사춘기? 사춘기는 무슨. 나 사춘기 다 지난 지가 언젠데."

사춘기가 만능 치트 키도 아니고 10대의 행동이 이해가 가지 않으면 아무 데나 다 갖다 붙였다.

"비켜!"

나는 앞에 서 있는 너구리들을 헤치고 서재에서 나왔다. 등 뒤에서 아빠가 얼른 들어오라고 소리치는 게 들렸지만 어림도 없다. 칫, 누가 돌아갈 줄 알고?

큰고모 집에서 나와 내려가는 엘리베이터 버튼을 마구 눌렀다. 흥분이 가라앉지 않아 계속 씩씩대고 있는데 엘리베이터가 도착했다.

열린 엘리베이터 안으로 발을 내딛는데 몸이 아래로 쑥 꺼졌다. 어어, 뭐지? 난 으악 소리를 지르며 눈을 꼭 감았다.

눈을 떴을 때 나는 길 위에 서 있었다. 핸드폰 대리점 앞이었고 손에는 다이어리가 들려 있었다. 다시 돌아온 건가? 고개를 숙여 내 몸을 살폈다. 몸은 스물일곱 원래대로 돌아와 있었다.

핸드폰 대리점 벽에 기대어 오른쪽 신발과 양말을 차례대로 벗었다. 발바닥에 흙터는 없었다.

늦은 ___ 만남

평일 낮이라 그런지 영화관은 한산한 편이었다. 상영 시간까지 15분 정도 남아 상영관 앞 빈 테이블에 앉았다. 영화 시작 전에 광고가 많이 나와 상영 시간에 맞춰 들어가는 게 낫다.

혼자 영화관에 온 건 처음이다. 라임이 주말에 시간이 된다고 하면 주말까지 기다리려고 했지만 썸남과 만날지도 모른다며 확답을 해주지 않았다. 어차피 혼자 볼 거라면 일요일보다 평일이 나을 것 같아 쉬는 날 영화를 보러 왔다. 학원을 쉬는 수요일이 마침 영화 개봉 날이었다. 이러고 있으니 웨스 앤더슨의 엄청난 덕후가 된 것만 같다. 뭐 일주일 동안 웨스 앤더슨 영화만 주야장천 봤으니 덕후라고 해도 이상할 건 없다.

다이어리를 찾고 현재로 돌아와 영화 〈그랜드 부다페스트 호텔〉을 찾아서 봤다. 역시 사람들이 좋다고 한 건 다 이유가 있었다. 감독의 다른 전작도 봤다. 〈프렌치 디스패치〉, 〈개들의 섬〉, 〈문라이즈 킹덤〉, 〈로얄 테넌바움〉을 봤는데 가장 좋은 건 〈문라이즈 킹덤〉이다. 웨스 앤더슨 영화 속 인물들은 모두 입체적이다. 잠깐 등장하는 조연마저도 캐릭터가 분명하고 그 인물들이 한 명씩 차곡차곡 이야기를 만들어 종국에는 영화를 꽉 채운다. 색감이 강렬하기도 하고 빈 공간 없이 이야기가 꽉 차 있어서 그런지 웨스 앤더슨 영화를 보고 나면 왠지 내 삶도 아주 조금은 알록달록해진 듯하다.

해성이 추천해주지 않았다면 웨스 앤더슨을 모르는 채로 살아갔을 거다. 저 앞쪽에서 커피를 들고 있는 남자는 해성을 닮았다. 해성을 위로 길게 늘이면 딱 저 모습일 텐데. 해성도 웨스 앤더슨의 다른 영화들을 다 봤을까? 지금도 그 감독을 좋아할까? 해성은 어떤 모습으로 자라났을까? 돌아온 이후 이상하게 해성 생각이 자꾸만 났다. 날 보고 멀리서 뛰어오던 해성, 종알종알 이야기하던 해성, 그리고 윤준 오빠에게 내가 고백하는 걸 듣고 얼굴이 일그러진 해성까지. 열다섯 살로 돌아가 잃어버린 다이어리를 찾아왔지만 다시 그 시절에 무언가를 놓고 온 것만 같다.

남자를 자세히 보니 해성과 닮지 않았다. 남자는 안경을 쓰지 않았고 해성보다 말랐다. 이제 하다 하다 아무 남자나 해성으로 보이다니. 혼자 쯧쯧 혀를 차며 고개를 절레절레 젓고 있는데 커피를 들고 있던 남자와 눈이 마주쳤다. 너무 오래 남자를 훔쳐보고 있었나 보다. 서둘러 고개를 돌렸다. 핸드폰이라도 보고 있는 척하려고 가방에서 급히 핸드폰을 꺼내고 있는데 내 앞에 그림자가 생겼다. 고개를 들어보니 커피 남자다. 내가 아무리 오래 쳐다보고 있었어도 이렇게 쫓아올 일은 아닐 텐데.

"유혜원?"

왜 커피 남자가 내 이름을 아는 거지.

"나야. 지해성."

"어?"

해성을 닮은 남자는 바로 해성이었다. 너무 놀라 아무 말도 나오지 않았다.

"오랜만이야."

해성의 말에 그렇다고 대답할 수가 없었다. 불과 일주일 전까지 나는 해성을 만났으니까. 가까이에서 보니 예전 얼굴이 남아 있었다. 안경만 벗었을 뿐 얼굴이 동그란 것도 분홍빛 피부도 똑같았다. 해성은 내 모습이 많이 변해서 긴가민가했는데 자기를 계속 바라보기에 혹시나 해서 물어봤다고 했다.

"무슨 영화 보러 왔어?"

내가 영화 제목을 말하니 같은 영화라고 했다. 상영 시간이 가까워져 같이 영화관 입구까지 걸어갔다.

나는 F 줄로 자리가 중간이었고 해성은 더 뒤쪽이었다. 광고가 끝난 후 영화가 시작되었지만 영화에 집중이 되지 않았다. 고개를 돌려 해성을 찾았는데 영화관이 어두워 어디 있는지 보이지 않았다. 해성은 그동안 어떻게 지냈을까? 웨스 앤더슨을 아직도 좋아하나? 그런데 해성은 평일 낮에 어떻게 영화를 보러 온 거지? 지금 무슨 일을 하고 있나? 해성에 대해 궁금한 게 계속 떠올랐지만 옆에 없어서 물어볼 수는 없었다.

영화 중간까지 딴생각을 하다가 그 이후부터 영화에 몰입할 수 있었다. 엔딩크레디트가 올라가며 영화관 불이 켜졌고 해성을 찾기 위해 뒤를 돌아봤지만 보이지 않았다. 벌써 나간 건가? 이렇게 헤어질 줄 알았으면 아까 반가웠다는 말이라도 할걸. 정신이 너무 없어서 인사를 나눈 게 전부다.

멍하니 앉아 있다가 엔딩크레디트가 끝까지 다 올라가고 나서야 자리에서 일어났다.

상영관 출구를 나오는데 그 앞에 해성이 서 있었다. 나도 모르게 미소가 지어져서 얼른 표정을 바꿨다.

"나 기다린 거야?"

"응. 아까 제대로 인사도 못 한 거 같아서."

해성은 영화가 끝나고 내가 먼저 갈까 봐 나와서 여기 계속 서 있었다고 했다. 해성과 함께 엘리베이터가 있는 곳까지 걸었다. 중학생 시절과 비교해 나는 키가 그대로인데 해성은 한 뼘 가까이 큰 것 같았다. 그때는 키가 비슷했지만 이제는 올려다봐야 했다.

해성에게 아까 혼자 궁금해한 걸 물어보기는 좀 그랬다. 그래서 그냥 뻔한 걸 물었다.

"영화 재미있었어?"

"응. 너는?"

"나도."

엘리베이터가 도착했다. 엘리베이터 안에는 사람들이 타고 있었지만 나와 해성이 탈 자리는 충분했다. 내가 먼저 안으로 들어갔고 해성이 내 옆에 섰다. 엘리베이터에 사람들이 있어 더 이상 대화를 나눌 수는 없었다. 13층에서 12층, 11층, 10층, 숫자가 빠르게 바뀌었다.

1층에 도착해 엘리베이터 문이 열렸고 해성과 함께 내렸다. 이대로 헤어져야 하나?

"저기 해성아, 커피 마실래?"

질문을 하고 보니 해성의 손에는 반이나 남은 커피가 있었다.

"아, 너 마셨구나."

차라리 밥을 먹으러 가자고 할 걸 그랬나. 하지만 이제 겨우 네 시가 조금 넘었다. 저녁을 먹기에 너무 이른 시간이다. 이제 조금만 더 걸어가면 건물 바깥으로 나가야 한다. 이대로 헤어지면 다시 만날 수 없을지도 모른다.

"해성아, 햄버거 먹을래? 내가 살게."

엉뚱하게 햄버거가 튀어나오다니. 내 물음에 해성은 곧바로 대답하지 않았다.

"아, 중학생 때 네가 나 햄버거 여러 번 사줬잖아. 기억 안 나지?"

나는 얼마 전 겪은 일이지만 해성은 오래전 일이라 기억나지 않을 수도 있나. 해성에게 나는 희미한 사람이 되었겠지만 해성은 내게 너무 또렷하다.

"기억나."

해성이 살며시 미소를 지으며 대답했는데 열다섯 해성의 얼굴과 겹쳐져 순간 중학생 때로 다시 돌아간 것 같았다.

검색해보니 영화관이 있는 건물 3층에 햄버거 가게가 있었다. 이번에는 엘리베이터를 타지 않고 에스컬레이터로 이동했다.

햄버거를 주문한 후 빈자리를 찾아 앉았다. 햄버거가 나올 때까지 해성은 내가 궁금해했던 걸 이야기해주었다. 웨스 앤더슨은 가장 좋아하는 감독이고 일부러 개봉 첫날 영화를 보기 위해 회사 휴가를 썼다고 했다.

"좋아하는 감독 영화는 되도록 개봉 날 보려고 해. 너도 이 영화 개봉 날 기다린 거야?"

"아, 난 그 정도까진 아니고 오늘이 쉬는 날이거든."

학원에서 일하고 있어 수요일에 쉰다고 하니 해성은 평일에 더 여유롭게 할 수 있는 일이 많지 않느냐며 좋겠다고 했다. 내 일상은 집에서 가만히 있는 게 다인데. 오늘은 쉬는 날에 정말 어쩌다가 영화를 보러 왔다. 하지만 이 말을 굳이 할 필요는 없었다. 해성은 OTT 회사에서 앱 개발하는 일을 하고 있다고 했다. OTT 회사라니 해성과 잘 어울리는 것 같았다.

햄버거가 준비되었다는 것을 알리는 진동벨이 울렸고 해성이 햄버거를 받아왔다. 해성은 오랜만에 햄버거를 먹는다며 맛있게 잘 먹었다. 12년의 시간을 건너온 해성이 지금 내 앞에 앉아 있다. 해성의 모습은 낯설지만 한편으로는 익숙했고 해성이 아니라 해성의 큰형과 마주 앉아 있는 것 같기도 했다.

"왜? 나 뭐 묻었어?"

"아냐."

보고 싶었다는 말은 저 아래로 꾹꾹 밀어냈다. 그러면 해성이 날 이상하게 생각할 테니까. 나는 아무것도 아니라며 햄버거를 다시 먹기 시작했다.

해성이 보낸 문자를 한참 들여다봤다. 지난주 영화관에서 해성을 만난 날, 햄버거를 다 먹고 맥주를 마시러 갔는데 그날따라 술이 술술 잘 들어갔다. 저녁 여섯 시도 채 되지 않은 시간부터 술을 마시기 시작해서 그런지 오래 술을 마셨고 그래서 해성에게 벌별 이야기를 다 했다. 영화학과를 가고 싶었는데 가지 못했고 영화 시나리오를 한번 써보는 게 꿈이라는 이야기. 나도 몰랐던 내 이야기를 내 입이 하고 있었다.

그리고 오늘 해성은 자기 회사 옆 건물에 문화센터가 있는데 거기 영화 시나리오 수업이 유명하다며 신청 링크를 보내주었다. 일반인을 대상으로 하는 수업으로 일주일에 한 번씩 12주간 운영되었다. 강사는 유명 영화 시나리오를 여러 편 쓴 사람이고 그중에는 나도 재밌게 본 영화가 있었다. 다음 주 수요일 개강인데 아직 자리가 남아 있었다.

-혜원아, 이 수업 좋대. 한번 들어봐. 너 이거 신청하면 나 그날 유연근무 신청해서 퇴근 시간 아홉 시에 맞출게. 끝나고 나랑 맥주 마시자^^

도대체 뭐지? 설마 해성은 아직 나를 좋아하는 걸까? 말도 안 돼. 그게 언제 적 일인데. 아니면 그냥 옛 동창에 대한 친절? 그날 내가 좀 불쌍하게 굴긴 했다. 친구도 라임 한 명밖에 없다며 술주정을 한 거 같은데. 오른 주먹으로 이마를 탁탁 쳤다.

"혜원 샘, 왜 그래?"

사무실 안으로 들어오던 박윤경 선생님이 물었다.

"아뇨. 머리가 좀 아파서."

"두통약 줘?"

"괜찮아요. 근데 그건 뭐예요?"

"누가 교실에 핸드폰 충전기를 놓고 갔어."

"제가 갖다 놓고 올게요."

박윤경 선생님에게 가서 충전기를 받아왔다. 자리에 가만히 앉아 있으니 머리가 계속 복잡하기만 했다.

휴게실로 가고 있는데 라임에게 문자가 왔다.

-좋은 설명회 있다고 해도 절대 따라가지 마. 너 귀 얇아서 바로 다단계 가입할걸?

아까 라임에게 해성이 보낸 메시지들을 캡처해서 보냈더

니 둘 중 하나라고 했다. 나에게 마음이 있거나 돈을 빌리려고 하거나. 내가 빌려줄 돈이 없다고 하니까 명의를 빌려달라고 할지 모르니 조심하라고 일렀다. 둘 다 아닐 거라고 했더니 이제는 다단계 타령이다.

휴게실에 있는 분실물 함에는 지난번 가져다 놓은 민트색 다이어리가 그대로 있다. 아직 찾아가지 않은 건가?

충전기를 넣어둔 후 다이어리를 꺼내서 넘겼다. 군데군데 일기를 적은 게 있다.

-차라리 지구가 멸망했으면 좋겠어. 쾅 하고 폭발했으면. 다 같이 사라져버리면 좋겠다. 공룡으로 태어날걸. 그랬으면 사라져버렸을 텐데.

-동굴 속에 갇혀 있는 것 같아. 어둡고 어두워. 언제까지 여기 있어야 할까.

-성적이 또 떨어졌어. 계속 이렇게 떨어지면 어쩌라는 거야. 열심히 하는데 얼마나 더 열심히 해야 해?

-내가 그렇게 미워? 내가 뭘 그렇게 잘못했는데? 왜 나한테만 그래?

-숨을 못 쉬겠어. 이러다가 죽는 게 아닐까 싶어 두려워.

병원에 가봐야 하나?

내가 찾아온 중2 때 다이어리가 떠올랐다. 돌아온 이후 그 다이어리를 집에 잘 가져다 두었다. 이 주인도 나처럼 이걸 찾고 있을지도 모른다. 어쩌면 학원에서 잃어버린 줄 모르고 있을 수도 있다.

내용을 보니 아무래도 다른 사람이 가져가면 안 될 것만 같다. 또래들이 가져가 소문이라도 내면 곤란하기에 우선은 다이어리를 들고 사무실로 돌아왔다.

세 번째 분실물:
가방

제 게 ____ 아닌걸요?

수업 시간이라 휴게실에는 아무도 없었다. 다이어리를 찍은 사진 위에 포스트잇을 붙여 분실물 함에 내려놓았다.

-사진 속 다이어리는 관리실에서 보관하고 있습니다. 주인은 5층 관리실로 찾으러 오세요.

휴게실에서 나오는데 핸드폰 벨이 울렸고 액정에는 모르는 번호가 떴다.

"여보세요."

"인주여고 유혜원 씨? 저희 식당에 가방 놓고 가셨죠?"

"네?"

가방이라고? 내가 고등학생 때 가방을 잃어버린 적이 있었나?

"지금 식당 문 닫아야 해서요. 내일 찾으러 오세요."

상대가 전화를 끊으려고 해서 식당 이름을 물었다. 처음 듣는 곳이었는데 식당 마감 시간이라 바쁜지 통화 중에 소음이 계속 섞여 들어왔다.

"가요, 가."

상대는 내가 아닌 가게 사람들에게 이 말을 하고서 전화를 끊었다.

통화를 끝낸 후 고등학생 때를 떠올렸다. 아무리 생각해도 가방을 잃어버린 적은 없는 것 같은데. 어쩌면 내가 기억하지 못하는 물건일까?

식당 이름을 검색해보니 내가 졸업한 고등학교 근처에 있는 곳이긴 하다.

그걸 받으러 가면 또 과거로 돌아가는 걸까? 그렇다면 가지 않을 거다. 그 시절만큼은 두 번 살고 싶지 않으니까.

첫 번째 시나리오 수업이 끝났다. 대학교 때 첫 수업처럼 오리엔테이션만 할 줄 알았는데 웬걸. 강의 안내는 5분 정도로 짧게 하고 바로 시나리오 작법 수업을 했다. 덕분에 수강료가 아깝지 않았다. 사실 따져보면 대학교 수업료가 훨씬 비싼데도 불구하고 그때는 수업을 덜 하는 걸 좋아했다.

강사는 예상했던 것보다 더 나이가 많았다. 내가 봤던 그의 영화가 최근 개봉한 영화라서 젊을 거라 생각했지만 중간중간 하는 이야기를 들으니 나이가 꽤 있는 것 같았다. 강사는 무역 회사에 다니다가 마흔 살이 다 되어 뒤늦게 시나리오 작가가 되었다고 자기소개를 했다. 수강생은 모두 스무 명이었는데 연령대가 다양했다. 나보다 더 어린 대학생도 있었고 강사와 비슷한 나이인 사람도 있었다.

강사는 영화 속 인상 깊은 캐릭터를 소개한 후 캐릭터 구상하는 방법을 알려주었다. 8주 동안은 작법 수업을 하고 9주째부터는 수강생이 써 온 시나리오 트리트먼트로 합평 수업을 한다. 그러니까 8주 차까지 시나리오를 구상해야 하는 셈이다. 강사가 알려준 시나리오 작법 책들을 노트에 받아 적었다.

이 수업을 들을지 말지 수강 마감 전날까지 고민했다. 시나리오 작법 수업을 듣는다고 내가 당장 뚝딱 시나리오를 쓰고 작가가 될 리는 없다. 인생이 그리 쉬우면 세상에서 고민이란 단어는 진즉에 사라졌겠지. 어차피 수요일에 집에만 있을 게 뻔하니 한번 들어봐도 나쁘지 않을 것 같았다. 만약 지금의 내가 아니라 마흔 살의 내가 지금으로 돌아온다면 어떤 선택을 내릴까? 현재가 아닌 미래의 나에게 선택을 미뤄버렸고 마흔 살의 나라면 신청할 것 같았다. 곧장 수강 신청을 하고 수강료를 입금했다.

어쩌면 이 수업을 듣는 건 꿈의 찌꺼기를 완전히 없애버리는 기회가 될지도 모른다. 대학생 때 페이스북에 빠져 살던 시기가 있었다. 거기에 길고 긴 글을 남겼다. 문득 든 생각부터 시작해서 하루 동안 있었던 일까지 이런저런 글을 썼다. 내 페이스북을 보는 사람들은 내가 쓴 글이 좋다고 했다. 심지어 지안 언니는 내게 작가가 될 거 같다는 말을 했다. 그냥 심심해서 쓴 글일 뿐이라고 했지만 언니는 스티븐 킹이 쓴 작법서를 선물해주기까지 했다. 서점에 갔다가 샀다며 내게 시간 날 때 읽어보라고 했는데 그 책을 펼쳐보지도 않았다. 그건 진짜 작가가 되는 사람들이나 읽는 책일 테니까. 엊그제 책장에서 찾아보니 지안 언니가 준 『유혹하는 글쓰기』라는 책이 그대로 있었다. 책장을 넘기니 엽서가 꽂혀 있었다.

-혜원아, 너도 언젠가 스티븐 킹처럼 유명한 작가가 될 거야^^

요즘은 페이스북을 하지 않지만 아주 가끔 그 계정으로 접속해서 예전에 썼던 글을 읽을 때가 있다. 글을 쓰고 싶다는 마음과 글은 아무나 쓰느냐는 마음, 이 두 마음 사이에서 갈팡질팡한다. 나에게는 아직 꿈의 찌꺼기들이 남아 있다.

물론 수업을 신청한 가장 결정적인 이유는 라임이 헬스 PT 20회를 끊었다는 이야기 때문이다. 헬스 PT보다 수강료가 더 쌌기에 PT 받는 셈 치고 한번 해보자 싶었다. 그리고 또 하나.

강의실을 나오면서 해성에게 연락했다. 내가 수업을 신청했다고 하자 해성은 정말 수요일 근무 시간을 오후로 조정했다. 이제 매주 수요일마다 해성을 만날 수 있게 되었다.

-나 끝났는데.

메시지 전송 버튼을 누르며 나오는데 건물 입구 앞에 해성이 서 있었다. 해성은 흰색 면바지에 피케 티셔츠를 입고 있었다. 해성에게 다가가 어깨를 툭툭 쳤다.

"언제부터 와 있었어?"

"방금. 맥주 괜찮지?"

"당연하지."

7월은 맥주 마시기 딱 좋은 계절이다. 해성은 근처에 있는 펍으로 나를 데려갔다.

"저녁은 먹었어?"

해성이 메뉴판을 보며 물었다.

"간단히. 넌?"

수업이 일곱 시 시작이라 저녁을 먹기가 애매했다. 다섯 시쯤 집에서 빵을 먹고 나온 게 다였고 해성도 점심을 늦게 먹어서 저녁은 아직이라고 했다.

"여기 치킨윙 맛있는데 그거 먹을래?"

"응."

해성이 생맥주 두 잔과 치킨윙을 주문했다. 맥주는 곧바로 나왔는데 투명한 잔 속에서 기포가 올라오는 걸 보는 것만으로도 기분이 청량해졌다. 마침 가게 문을 열어둬 바람이 안까지 들어왔고 바람을 맞으며 맥주를 마시니 수업 중에 긴장했던 게 조금 풀어졌다.

맥주를 마시며 오늘은 정말 취하지 말아야겠다고 다짐했다. 하지만 맥주는 너무 시원했고 나는 한 잔을 금방 마셔버렸다.

"수업은 어땠어?"

해성은 시나리오 작법 수업에 대해 궁금해했다. 나는 오늘 수업한 내용과 앞으로 할 내용을 상세히 이야기했다.

"아, 그렇게 시나리오가 완성되는구나."

해성은 영화도 좋아하고 시나리오에 대해 꽤 관심이 많은 것 같았다. 어쩌면 이 수업을 해성이 듣고 싶었던 게 아닐까? 혹시 나는 정찰병이었나?

"혜원아, 전화 오는데?"

테이블 위에 핸드폰을 올려놓았지만 무음으로 해두어서 몰랐다. 해성의 말을 듣고 보니 전화가 오고 있었다. 또 그 번호다. 내 가방을 보관하고 있다는 식당. 며칠째 식당 문을 닫는 이 시간에 전화를 해서는 가방을 찾아가라고 했다.

"안 받아?"

"안 받아도 되는 전화라서."

나는 핸드폰을 뒤집어놓았다. 식당은 왜 계속 전화를 하는 걸까. 손님이 찾아가지 않는다고 버릴 수는 없는 건가? 나중에 찾아와 왜 보관을 하지 않았냐고 따질 수도 있으니까? 나는 그럴 생각이 없는데 세상 사람들이 다 나 같지 않으니 식당도 어쩔 수 없이 계속 전화를 하는지도 모른다.

새로 나온 맥주를 한 모금 마셨고 내가 찾아온 토토로 필통과 다이어리가 떠올랐다. 토토로 필통은 과거로 가는 줄 모르고 찾으러 간 거였고, 다이어리를 찾으러 간 건 잃어버린 다이어리를 찾고 싶은 마음이 반, 정말로 또다시 과거로 돌아가는지가 궁금한 게 나머지 반이었다. 내 기억에 없는 가방은 어떤 물건일지 조금, 아주 조금은 궁금하기도 하다.

"해성아, 만약에 말이야. 잃어버린 물건을 찾으면 그 물건을 잃어버린 때로 돌아갈 수 있어. 그런데 그때는 돌아가기 싫은 시절이야. 너라면 어떻게 할래? 그 물건을 찾으러 갈 거야?"

해성은 잠시 생각하더니 대답했다.

"물건이 돌아온 건 다 이유가 있지 않을까? 음, 나라면 찾으러 갈 거 같아."

"만약 그 시절이 돌아가고 싶지 않은 때면?"

"돌아가면 과거를 바꿀 수 있는 거 아냐?"

해성이 물었다.

"글쎄. 그냥 다시 한번 사는 거야."

지난 두 번의 경험을 떠올리며 대답했다. 아홉 살과 열다섯 살로 각각 돌아갔지만 크게 바뀐 건 없었다. 조금 달라진 게 있다면 발바닥의 상처는 사라졌고 엄마는 그 이후로 김장하러 가지 않았다. 큰고모네 행사에도 가지 않았다. 마트에서 사 온 김치를 꺼내며 엄마는 내가 중학생 때 난리 친 덕분에 김장을 하지 않아도 되어서 좋다고 말했다. 그리고 내 앞에 앉아 있는 해성. 돌아가지 않았다면 해성과 햄버거를 먹지도, 웨스 앤더슨을 알게 되지도 못했겠지. 그렇다면 잘 다녀온 걸까?

"혹시 그거 네가 쓰고 싶은 시나리오 내용이야?"

"응?"

"아까 그랬잖아. 시나리오 한 편씩 써서 제출해야 한다고."

"아."

차마 내가 경험한 일이라고 말할 수가 없다. 그걸 누가 믿어주겠는가. 꽃이나 달고 그런 말을 해야지.

"어쩌면."

"그 내용 너무 재밌을 거 같은데? 그걸로 한번 써봐."

"생각해볼게."

해성의 맥주도 새로 나왔고 우리는 다시 잔을 맞부딪쳤다.

고빈 끝에 가방을 보관하고 있다는 식당으로 왔다. 지금 살고 있는 집과 거리가 멀지 않았고 갈지 말지 고민 중이라면 가라고 했으니까. 해성의 말대로 물건이 나를 찾아온 이유가 있다면 그 이유를 알고 싶었다.

그런데 하필 이 식당이라니. 식당 앞에서 걸음을 멈추었다. 그때는 순댓국집이었는데 지금은 파스타집으로 바뀌었다. 예전에는 이 식당이 있는 건물이 학교 근방에서 가장 높았지만 지금은 더러 비슷하게 높은 건물이 생겼다.

식당 문을 열고 들어가니 점심시간이 한창이라 손님이 많았다.

"저기, 가방을 보관하고 있다고 해서 왔는데요."

카운터에 있던 종업원은 고개를 갸우뚱했다. 나에게 잠시만 기다리라고 말한 후 주방 쪽으로 가서 누군가와 이야기했고 주방에 있던 요리사가 나왔다. 내게 전화를 건 남자인 것 같았다.

요리사는 카운터 아래 서랍을 열어 데님 숄더백을 꺼냈는데 내 가방이 아니었다.

"이건 제 게 아닌데요."

"인주여고 유혜원 씨 아니에요?"

"맞긴 한데."

요리사가 가방 안에서 검은색 지갑을 꺼냈다. 그 안에 주민등록증과 인주여고 도서 대출증이 들어 있었다. 얼핏 보니 대출증에 유혜원이라 적혀 있고 주민등록증 이름도 마찬가지다.

주방 쪽에서 "얼른 오세요. 면 불어요!"라고 소리쳤고 요리사는 내게 가방을 던지듯 건넨 후 주방 안으로 들어갔다.

식사를 마친 손님이 계산대로 몰려와 나는 가방을 든 채 쫓겨나듯 식당 밖으로 나왔다.

가방을 열어보니 책 두 권과 지갑이 들어 있다. 두 권 모두 인주여고 도서관에서 빌린 책이다. 지갑을 열어 주민등록증을 다시 한번 확인했다. 이름은 유혜원이 맞지만 주민등록번호가 77로 시작되고 사진 속 얼굴도 확실히 내가 아니다.

아! 이 사람이 누군지 생각났다. 고등학교 때 사서 선생님이 나와 동명이인이었다. 학교 방송에서 "유혜원 선생님, 지금 교무실로 와주세요"라고 나오는 걸 듣고 놀랐던 적이 있고 책을 빌리러 갔을 때 내 대출증을 보고 선생님은 자기와 이름이 같다며 반갑다고 했었지. 학생들만 대출증이 있는 줄 알았는데 사서 선생님도 대출증이 있구나. 77년생 유혜원은 그 사서 선생님이다. 연락이 잘못 온 게 맞았다.

가방을 다시 돌려주기 위해 식당 쪽으로 몸을 돌렸다. 그런데 식당 유리창에 비친 저 사람은 누구지? 저 사람은 내가 아닌데?

나는 사진 속 77년생의 유혜원이 되어 있었다.

디어 미 ___ 1

::오류입니다

식당으로 다시 들어가 내 가방이 아니라고 말했다. 식당에서는 가방은 무슨 가방이냐며 내 말을 알아듣지 못했다. 가만 보니 식당 직원들은 조금 전에 내가 만난 사람들과 달라져 있었고 식당에서 팔고 있는 메뉴도 파스타에서 순댓국으로 바뀌어 있다.

"그럼 그 가방이 누구 건데요?"

직원의 물음에 말문이 막혔다. 이 가방은 77년생 유혜원 씨 가방이 맞고 나는 지금 77년생 유혜원이 되어 있다. 그렇다면 내 가방인 건가? 아까 제대로 확인하고 받아 오지 말았어야 했는데 이미 가방은 내 손에 들려 있다.

"아, 제 게 맞네요."

직원은 별 이상한 사람 다 보겠다는 듯 나를 쳐다봤고 하는 수 없이 다시 식당 밖으로 나왔다.

아, 지금 나는 어디로 가야 하는 걸까? 유혜원 씨의 몸으로 우리 집을 찾아갈 수는 없다. 아무래도 유혜원 씨 집으로 가는 게 나을 거다. 그곳에 가서 돌아갈 방법을 찾아봐야지. 지갑 안 주민등록증에는 77년생 유혜원 씨가 살고 있는 주소가 나와 있었고 학교에서 멀지 않았다.

주소대로 집을 찾아갔는데 현관문은 전자 도어락이 아니라 열쇠로 열어야 했다. 어떻게 들어가야 할지 몰라 팔짱을 낀 채 가만히 서 있었다. 여기 있다 보면 유혜원 씨의 가족들이 돌아와 나를 들여보내 줄지 모른다.

한동안 서 있었지만 누구도 오지 않았고 나는 가방에서 다시 지갑을 꺼냈다. 혹시나 하고 동전 칸을 열어보니 열쇠가 두 개 있었다. 둘 중 하나가 집 열쇠일까?

두 열쇠 중 하나를 골라 구멍에 넣었다. 들어가긴 했지만 돌아가지 않는다. 나머지 하나를 다시 넣어 오른쪽으로 돌렸고 덜컥하며 잠긴 게 풀렸다.

집 안에 누가 있을까 봐 조심히 문을 열고 들어갔다.

현관에 놓인 신발과 소품을 보니 혼자 사는 것 같다. 더 확실히 하기 위해 집 안 곳곳을 둘러봤다. 거실 겸 주방을 지나 방으로 들어갔는데 싱글 침대가 하나다. 옷장을 열어보니 유혜원 씨가 입을 것 같은 옷들만 있고 화장실에 칫솔도 하나뿐이다. 다행이다. 유혜원 씨는 혼자 살고 있다.

거실로 다시 나와 소파에 주저앉았는데 테이블에 놓인 핸드폰이 보였다. 아마도 유혜원 씨 핸드폰이겠지?

핸드폰을 열어 날짜를 확인하니 10년 전이다. 그렇다면 내가 고1 때다. 그때 학교 도서관에서 유혜원 선생님을 본 적이 있긴 하지만 책을 대출하러 갔을 때 잠깐 마주친 게 전부다. 얼굴도 잘 기억나지 않는 사람인데 왜 이런 오류가 생긴 거지?

가만, 오류라면 되돌리는 게 더 쉬울 거다. 그렇게 생각하니 마음이 조금 편안해졌다.

날이 더웠지만 집에 선풍기만 있을 뿐 에어컨은 없었다. 선풍기만으로는 온도가 내려가지 않았고 시원한 물이라도 마셔야 할 것 같아 몸을 일으켜 주방으로 갔다. 냉장고를 열어보니 맥주가 있었다. 맥주나 마시면서 생각해봐야지.

싱크대 안에 쥐포가 있어 가스레인지에 구운 후 맥주와 함께 거실로 가지고 나왔다. 맥주 캔을 딴 후 한 모금 마셨다. 탄산이 목구멍으로 시원하게 내려갔다.

유혜원 씨의 집은 단정하게 정리되어 있다. 조금 전 열어 본 냉장고 안도 깔끔했고 식기류도 줄을 맞추고 있었다.

유혜원 씨는 이 집에 산 지 얼마나 되었을까? 혼자 사는 서른일곱 살이라니 부럽다. 나도 10년 뒤에는 이렇게 독립할 수 있을까? 당장이라도 집에서 독립하고 싶지만 여의치가 않다. 월세로 집을 얻는다고 하더라도 보증금이 필요하다. 대학을 졸업한 이후 학원 강사 일을 하긴 했지만 파트타임이었고 그때 번 건 생활비로 다 썼다. 지금 나는 모아둔 돈이 하나도 없다. 설사 집 보증금이 마련된다고 하더라도 월세와 관리비를 감당하기 버겁다. 지방에서 올라와 어쩔 수 없이 자취를 하는 사람들은 나를 부러워했다. 부모님 집에서 얹혀 살 수 있는 것만으로도 흙수저는 면한 거라고 했다. 내가 대학에 입학하며 부모님은 있는 돈을 모두 긁어모으고 대출을 받아 서울 끝자락에 있는 오래된 작은 아파트를 샀다. 그 대출금을 갚기 위해서라도 엄마와 아빠는 이혼하지 않을 것 같다. 이혼을 하게 되면 반으로 나눠야 할 테고 지금 집보다 훨씬 작은 곳으로 가야 한다. 회사 기숙사로 내려간 오빠를 제외하고 엄마와 아빠, 나는 집 때문에 혹은 집 덕분에 셋이 식구로 지내고 있다. 우리 셋은 룸을 쉐어하는 사람들이다.

겨우 맥주 두 모금을 마셨을 뿐인데 왜 이렇게 알딸딸한 거지. 유혜원 씨는 술을 잘 마시지 못하나 보다. 그래서 맥주가 500밀리리터가 아니라 330밀리리터 캔이었구나.

거실 테이블에 엎드렸다. 머리가 빙빙 도는 느낌이라 눈을 감았는데 눈을 감아도 여전히 세상은 빙빙 돌았다.

다음 날 아침 눈을 떴을 때 나는 여전히 77년생 유혜원 씨였다. 이 몸으로 오늘 하루 무얼 하고 지내면 좋을지 모르겠다. 종일 집에만 있기도 그렇고 유혜원 씨의 일과를 살아야 원래대로 돌아갈 수 있을 것 같기도 하다. 오늘은 수요일로 학교에 가야 하는 날이다. 학교 출근이나 해봐야겠다.

옷장을 열어보니 블라우스와 슬랙스가 대부분이었다. 그 중에서 한 벌을 꺼내 입은 후 어제 받은 가방을 챙겨 들고 집에서 나왔다.

집에서 학교까지는 걸어서 가도 될 정도로 가까웠다. 정문 쪽으로 가자 학생들이 등교하는 모습이 보인다. 유혜원 씨를 알아본 아이들 몇 명이 고개를 숙여 인사했다.

정문을 들어서는데 헷갈렸다. 유혜원 씨는 어디로 가야 할까? 교무실? 아니면 도서관? 보통 사서 선생님들은 하루 종일 도서관에 있긴 했다. 그런데 출근을 아예 처음부터 도서관으로 하는 건지는 모르겠다.

본관 앞을 서성이는데 누군가 내 어깨를 톡 쳤다. 고개를 돌려보니 2학년 때 국어 담당이었던 최수현 선생님이다.

"유 샘, 안 들어가고 뭐 해요?"

"가야죠."

최수현 선생님의 뒤를 따라 걸어가는데 선생님이 1층 교무실 문을 열고 들어가며 "이따 봐요"라고 말했다. 아, 유혜원 씨는 교무실에 가지 않아도 되는구나.

그런데 도서관이 어디 있더라. 1층은 아니었던 것 같은데. 학교를 다니며 도서관에 몇 번 가지 않아 잘 기억이 나지 않았다. 1층 복도를 돌아다니다 보니 위치 안내도가 있었고 찾아보니 도서관은 3층에 있다.

3층으로 올라와 왼편 끝에 있는 도서관으로 갔다. 문을 밀었지만 잠겨 있다. 어제 지갑에서 봤던 나머지 열쇠가 떠올랐고 그 열쇠를 꺼내 열쇠 구멍에 넣어보니 문이 열렸다.

안으로 들어왔는데 퀴퀴한 냄새가 코를 찔렀다. 오래된 책에서 나는 냄새 같다. 밤새 문이 닫혀 있어 환기가 되지 않아 더 심한가 보다. 아무래도 안 되겠다. 코가 아닌 입으로 숨을 쉬며 창 쪽으로 다가가 문을 활짝 열었다. 공기가 순환되니 조금 나은 것 같다.

컴퓨터가 있는 자리로 왔다. 여기가 유혜원 씨의 자리다. 이곳에 앉아 있던 유혜원 씨가 어렴풋이 기억난다. 하루 종일 책만 빌려주면 되나? 그럼 좀 쉬울 것 같다.

유혜원 씨 가방에 있던 두 권의 책을 꺼냈다. 두 권 다 제목을 들어보지 못한 책으로 내 취향이 아니라 그대로 반납했다. 유혜원 씨의 기존 대출 내역을 확인했는데 내가 좋아한 책들이 없다. 대부분 에세이 같았고 30대의 삶을 살아가는 방법을 알려주는 책들이다. 적당히 열심히 살라거나 무례한 사람을 상대하는 방법이라든가 무엇보다 우선 나부터 사랑하자는, 제목만 봐도 어떤 내용일지 알 것 같은 책이었다. 유혜원 씨 나이 정도 되면 사는 게 좀 편해질 줄 알았는데 아닌가. 이 언저리 나이에도 어떻게 살지 몰라 여전히 이런 책들을 읽어야 하는 거라면 좀 실망이다.

가만히 자리에 앉아 있는데 도서관 문이 열리면서 아이들이 들어오기 시작했다. 1교시 종이 조금 전 친 것 같은데 애들이 왜 온 거지? 한두 명이 아니라 열 명도 넘는 아이들이 들어왔고 그 뒤로 더 많은 아이들이 줄지어 몰려왔다.

"너희들 다 왜 왔어? 지금 수업 시간 아냐?"

"샘, 1, 2교시 우리 반 수업이잖아요."

한 아이가 대답했다. 책상 위에 놓인 탁상 달력을 보니 오늘 날짜에 '도서관 주관 수업'이라고 적혀 있다. 1, 2교시는 1학년 4반 수업이다.

"난 2반 수업인 줄 알았지."

수업이 있는 걸 몰랐다고 할 수 없어 둘러댔고 아이들은 의심하지 않는 눈치다.

의자에서 일어나 아이들 쪽으로 갔다. 아이들은 자연스레 도서관 빈 의자에 알아서 앉아 내가 오길 기다렸다. 학생은 가만히 앉아 있으면 되는데 하필 가르치는 선생님이 되다니. 도서관 주관 수업이라, 그게 뭐였더라? 생각해보자, 생각해봐.

맞다! 고등학생 때 한 학기에 한 번씩 도서관에서 수업을 했다. 기말고사가 끝난 후 방학 전까지 할 일이 없는 아이들을 위해 학교에서는 도서관 주관 행사를 열었다. 그때 무얼 했더라. 잘 기억이 나지 않는다.

자리에 앉아 있는 아이들을 죽 둘러봤다. 이 아이들은 뭔가를 알고 있으려나?

“샘, 저희도 북 맵 만들어요?”

“응?”

“3반은 북 맵 만들었다고 해서요.”

“그렇지. 너희도 그거 해야지.”

북 맵이 뭐지? 아! 생각났다. 모둠별로 모여서 큰 도화지에 책 지도를 만들었다. 아까 책상에 왜 커다란 도화지가 있나 싶었는데 수업 때 쓰는 거였나 보다. 나도 분명 만들었을 텐데 왜 만들었던 기억이 나지 않는 걸까.

책상에서 도화지와 사인펜을 가져와 아이들에게 나눠주었다. 아이들은 도화지에 쓰기 전에 먼저 노트에 어떻게 구성하면 좋을지 상의하며 적었다.

아이들은 재잘거리며 북 맵을 적기 시작했다. 한 모둠은 뭐가 그렇게 재밌는지 깔깔대며 웃었고 곧 그 웃음은 옆 모둠으로 전염되었다. 여고생들은 굴러가는 낙엽만 봐도 웃음이 나온다는 이야기가 있다. 하지만 그건 여러 명이 모여 있을 때 이야기다. 친구 한 명이 웃으면 그냥 따라 웃는 것뿐이다. 그들도 혼자 있을 때는 세상 심각한 표정을 짓고 있다.

2교시가 아직 안 끝났는데 아이들이 북 맵을 다 만들었다. 수업이 10분이나 남았는데 어떡하지?

무슨 말이라도 해야 한다.

"요즘 책 좀 읽어요? 일주일에 한 권 이상 읽는 사람?"

3분의 1도 채 손을 들지 않았다. 나도 중학생 때는 학교 도서관에 꽤 자주 갔는데 고등학생이 되어서는 몇 번 가지 않았다.

"공부하느라 바쁘겠지만 그래도 책을 읽어야 해요."

아, 나도 안 읽으면서 무슨 소리냐. 그래도 사서 선생님이 할 법한 이야기를 늘어놓았다. 책을 읽었을 때 두뇌가 더 활성화되고 책을 읽는 시간은 곧 생각의 힘을 길러주는 시간이라는, 어디서 주워들은 이야기를 최대한 천, 천, 히 했다. 그래야 시간을 때울 수 있다. 이건 학원 강사 일을 하면서 얻은 노하우다. 가끔 수업 시간이 남았는데 오늘 나갈 진도를 다 나가면 난감하다. 새 문제를 풀면 수업 시간을 넘겨버려 문제 풀기를 시작할 수도 없다. 학원은 학교보다 수업 시간을 더 철저하게 지켜야 한다. 수업 시간이 수강료와 직결되기에 조금이라도 일찍 끝내면 바로 학부모에게 컴플레인이 들어온다. 그래서 다음 수업 때 할 내용을 미리 이야기하거나 오는 수업 내용 가운데 궁금한 점을 물으라고 한다. 물론 아이들은 질문을 잘 하지 않는다. 질문 있는 사람? 궁금한 거 없어요? 몇 번 반복하다 보면 그만큼 시간을 보낼 수 있다. 반대로 학원 수업을 늦게 끝내서도 안 된다. 다음 학원 수업이 연달아 있는 아이들이 대부분이기에 이동 시간을 확보해야 해서 정확한 시간에 끝내야 한다.

10분 가까이 갖가지 이야기를 풀어 2교시 끝나는 시간을 맞추었다.

2교시 수업 종료를 알리는 종소리가 울렸다. 수업을 듣던 대부분의 아이들이 도서관을 나갔고 몇 명 아이들은 책을 빌리겠다며 남았다.

"샘, 대출이요!"

책을 고른 아이들이 대출대 앞에서 나를 찾았다. 그래. 간다, 가.

책을 빌려주고 반납받는 과정을 여러 번 반복하고 났더니 쉬는 시간도 금방 지나가버렸다. 아까 1교시 끝나고 쉬는 시간에도 대출해주느라 화장실에 다녀오지 못했는데.

3교시 종이 울렸지만 빨리 화장실에 다녀오는 게 좋을 것 같았다. 달력을 보니 3, 4교시에도 또 도서관 수업이 있었다.

복도에서 도서관으로 몰려오는 아이들이 보였다.

"나 화장실 금방 갔다 올게."

이쪽으로 오는 걸 보면 도서관 수업을 하는 아이들일 테니 아무에게나 말했다.

사서 유혜원 씨가 할 일이 별로 없을 거라고 생각한 건 착각이었다. 아이들은 계속 나를 부르며 무슨 건이든 일단 어떻게 해야 하느냐고 물었다. 그때마다 나도 잘 몰랐기에 "너희 생각은 어떤데?"라고 되물었고 그러면 자기들끼리 답을 말했다.

화장실에 갔다가 다시 도서관으로 들어왔다. 3, 4교시 수업 반 아이들도 도서관 의자에 앉아 있었고 난 1, 2교시와 마찬가지로 큰 도화지를 챙겨와 아이들 앞에 섰다.

"이번 시간이랑 다음 시간에 북 맵을 만들 거예요. 이건 ……."

이야기를 하면서 아이들을 바라보는데 갑자기 말이 나오지 않았다. 3, 4교시는 2반 수업이었고 저기 창가 쪽 맨 끝에 열일곱 살의 내가 앉아 있었다.

디어 미 ____ 2

:: 그때 그 아이

내가 무슨 말을 했는지 모르겠다. 1교시에 했던 말을 비슷하게 했던 거 같긴 한데.

도화지를 나눠주는 내 손이 덜덜 떨렸다. '나'는 여전히 고개를 숙인 채 앉아 있다. 도화지를 받은 아이들이 모둠끼리 모이기 시작했고 '나'는 자리에서 일어서긴 했지만 가만히 있다. 모둠이 없구나.

2반 아이들을 둘러보는데 반장이었던 아이가 눈에 들어왔다. 저 아이는 무난한 성격으로 아이들과 두루두루 친했다.

"저 조로 가서 같이 해."

'나'는 시키는 대로 반장 조로 갔고 의자를 빼내어 거기에 앉았다.

아이들이 북 맵을 만들면서 나를 부르지 않도록 만드는 방법을 차근차근 설명했다.

가슴이 콱 막히는 것 같았고 정말 숨이 잘 쉬어지지 않았다. 반장을 불러 교무실에 다녀오겠다는 말을 한 후 도서관에서 나왔다.

화장실로 가 비어 있는 칸으로 들어갔다.

"하아."

숨을 토해냈다. 왜 하필 이때로 오게 된 걸까. 내 인생에서 한 부분을 말끔하게 도려낼 수 있다면 고1 때를 고를 거다. 하지만 그럴 수 없기에 검은색 크레파스로 하나도 보이지 않도록 박박 칠을 했다. 가끔 검은색 아래 그림이 보이면 모른 척 눈을 돌렸다. 이제 나는 괜찮아졌는데 왜, 왜, 왜.

도서관에 세정과 나연도 있었던 것 같은데 제대로 보지 못했다. 돌아가면 그 아이들도 봐야 하겠지.

세정과 나연 사이에 내가 낀 건 맞다. 그 둘은 같은 중학교를 나온 건 아니지만 중3 때 같은 학원에 다니면서 친해졌고 고등학교에 입학하며 같은 반이 되었다고 들었다. 세정은 나의 첫 짝이었는데 서로 비슷한 게 많아 금방 친해졌다. 비스트를 좋아하는 것도 같았고(나는 윤두준이고 세정이는 이기광이었다) 영화 보는 것도 좋아했다. 새 학기 초에 우리 둘은 영화관에 같이 갔다. 나연은 자기 취향의 영화가 아니라며 가지 않겠다고 했다. 나도 나연과 셋이 가는 것보다 세정과 둘만 가는 게 더 좋았다. 나연은 말이 너무 많으니까. 나연은 다른 사람이 말하는 걸 듣기보다 자기 이야기하는 걸 더 좋아했다. 셋이 있을 때 주로 이야기하는 건 나연이었고 세정과 나는 듣기만 했다. 점심시간에도 마찬가지였는데 밥을 먹고 나면 나연의 이야기를 듣느라 오래달리기를 한 듯 기운이 쭉 빠졌다. 수업 때보다 점심시간이 더 피곤했다. 나연은 자기감정에 지나치게 솔직했고 사소한 거라도 자기에게 있었던 일을 다 말했다. 별일 아닌 것도 호들갑을 떨며 아주 길게 이야기했다. 편의점에서 새로 나온 과자를 사 먹은 이야기마저도 매우 길고 자세히 했다. 말할 때 동작도 무척 컸고 웃을 때마다 옆에 있는 사람을 때리는 건 기본이었다. 한번은 내가 세정에게 나연의 과한 행동이 부담스럽다고 말한 적이 있는데 세정은 "그래도 나연이 귀엽잖아" 하고 빙긋 웃었다.

셋이 있을 때 나연은 꼭 세정 옆에 서서 그의 팔에 팔짱을

켰다. 말을 할 때마다 "세정, 세정!" 하고 두 번씩 세정의 이름을 콕 집어 불렀다. 쟤는 내가 안 보이나 싶을 정도로 나연은 나를 투명 인간 취급했다. 그래도 세정이 있으니까 괜찮았다.

언제까지 이 화장실에 숨어 있을 수는 없다. 자리를 오래 비울 수는 없기에 숨을 가다듬은 후 도서관으로 돌아왔다. 아이들은 조별로 모여 북 맵을 만들고 있었고 아까 만들기 전에 설명을 자세히 해서 그런지 1, 2교시 수업을 했던 4반보다 질문이 적었다.

'내'가 있는 모둠을 봤다. '나'는 다행히 모둠 아이들과 같이 하고 있다. 세정과 나연을 찾았다. 그 둘은 문 쪽에 있는 2조였다. 나연은 뭐가 재미있는지 까르르 웃으며 손바닥으로 세정의 어깨를 툭툭 쳤다. '나'는 2조에 있는 두 아이를 바라보다가 얼른 고개를 돌려 제 일을 했다. 뭘 그렇게 눈치를 보니.

고1 때 1학기 중간고사가 끝난 후 나연에게 연락이 자주 왔다. 세정과 셋이 하는 단톡방을 통해서가 아니라 개인 메시지였다. 교실에 있을 때도 내 자리로 찾아와 국어 지문 빨리 읽는 법을 묻기도 했다. 내 중간고사 성적이 좋은 걸 나연이 알게 된 걸까? 그래서 나를 다르게 대하는 건가. 나연에게 무시당하지 않으니 셋이 같이 있는 게 훨씬 편안해졌다. 그 전에 나연은 내가 둘 사이에 끼어든 것처럼 대해 계속 불편하고 찜찜했다. 세정의 말대로 나연이 아주 조금은 귀엽게 느껴졌다. 2교시가 끝나고 나연이 "배고파고파고파고파"라고 빠르게 말하는 걸 들으며 혼자 웃었던 적도 있다.

이제 나연이 나를 밀어내지 않아서 다행이라고 여겼다. 하지만 셋이 있을 때 세정은 점점 예전의 내 얼굴을 하고 있었다. 나연은 세정 대신 내 어깨에 기댔고 "혜원, 혜원" 하고 나를 불렀다. 원래 나연은 세정과 친했으니까 세정이 괜찮을 줄 알았다.

나연은 자주 세정에 대한 불만을 토로했다.

"개 완전 호박씨야."

수행 평가를 앞두고 세정이 밤에 영화 보다가 늦게 잤다고 했지만 그게 거짓말이라고 했다. 세정이 새로 과외를 시작해 자기한테도 선생님을 소개해달라고 했지만 선생님이 바빠서 안 된다고 했다며 서운하다고 했다. 나는 과외 받을 형편이 아니라 과외 선생님이 궁금하지도 않았지만 친구끼리 좀 알려주면 어떠냐 싶어 세정이 좀 너무한다고 맞장구쳤다.

1학기 기말고사를 며칠 앞둔 날이었다. 학교에 갔는데 세정이 나를 쳐다보지도 않았다. 나연도 마찬가지였다. 점심시간이 되자 세정과 나연은 팔짱을 끼고 급식을 먹으러 가버렸다. 갑자기 변한 두 아이를 보고 처음에는 무슨 일이 있었냐고 물어보지도 못했다. 그날 나는 점심을 먹으러 가지 않았다. 내가 교실에 있는 것을 알면서도 보란 듯이 둘이 식당으로 가버렸으니까. 이게 깜짝 카메라인가 싶을 정도로 믿기지 않았다. 둘이 내게 왜 그러는지 도무지 이유를 알 수가 없었다.

그날 저녁 셋이 있는 단톡방에 무슨 일이 있느냐고 물었다. 세정이 방을 나가버렸고 나연만 남았다. 나연에게 물었다. 세정이 왜 그러는 줄 아느냐고. 나연은 잘 모르겠다고 말했다.

그렇게 며칠이 지났고 쉬는 시간에 세정과 화장실에서 마주쳤다. 세정의 팔을 잡으며 왜 그러냐고 물었다. 세정은 바퀴벌레라도 보는 것처럼 경멸하는 눈빛으로 나를 노려봤다.

"너 몰라서 물어? 어떻게 네가 애들한테 내 욕을 하고 다닐 수 있어?"

욕이라니? 무슨 소리지? 얼마 지나지 않아 세정의 말을 이

해할 수 있었다. 나와 나연이 주고받은 메시지를 세정이 본 거다. 세정에 대해 우리 둘이 이야기한 것들을. 정확히 말하자면 나연이 보여준 거였다. 난 1학년 1학기 기말고사를 완전히 망쳐버렸다. 고3 때 성적이 떨어졌을 때도 그렇게까지 성적이 나쁘지 않았다.

어떻게 고등학교 1학년을 버텨냈는지 모르겠다. 1학년이 끝날 때까지 나는 철저하게 혼자였다. 1학기가 끝날 즈음에는 이미 아이들끼리 그룹이 만들어져서 나는 어디에도 끼지 못했고 나연은 내가 다른 아이들과 친해지지 못하게 만들었다. 내가 세정의 뒤통수를 쳤다고 소문을 내고 다녀서 반 아이들이 전부 다 나를 좋아하지 않았다. 분위기라는 건 참 무섭다. 누군가를 싫어하는 데 딱히 이유가 있지 않을 때도 많다. 다들 좋아하니까 좋아하는 것처럼 때론 다들 싫어하니까 싫어하기도 한다. 분위기는 날씨 같다. 추우면 긴 옷을 입고 더우면 반팔을 입는다. 피부에 느껴지는 질감 때문에 시키지 않아도 알아서 그에 맞는 옷을 입는다. 날씨를 제 마음대로 조절할 수 없는 것처럼 반 분위기를 내가 어찌할 도리가 없었다.

반 아이들이 나를 대놓고 따돌린 건 아니다. 그냥 나는 혼자 밥을 먹고 쉬는 시간에 혼자 있었다. 귀에 이어폰을 꽂은 채 음악을 듣거나 엎드려 있었다. 하루 종일 교실에서 말 한마디 하지 않은 적도 많다.

그때는 밤에 잠이 들면서 내일 아침 눈을 뜨지 않아도 좋겠다고 생각했다. 학교에 가는 게 너무 싫어서 더 늦게 잠이 들었고 등교 시간을 간신히 맞추었다. 학교에 오면 숨이 쉬어지지 않았다. 내 주변 산소가, 그리고 몸속 산소가 절반쯤 줄어드는 것 같았지만 학교를 그만둘 용기는 없었다. 대신 해서는 안 되는 생각을 종종 했다.

지나고 보니 별일 아니었다고 말할 수 있는 건 그 일의 크기가 작기 때문이 아니다. 그 일 위에 다른 일들이 차곡차곡 지층처럼 쌓였기에 가능하다. 하지만 지금 내 지층이 몽땅 파헤쳐져 맨 아래 있는 게 드러나버렸다.

2반 수업이 끝났다. '나'는 홀로 도서관을 나갔고 나는 '내'가 나간 곳을 한참 바라봤다. '나'를 쫓아갈 새도 없이 이 반 아이들도 책을 빌리겠다며 나를 불렀다.

아이들이 내민 책의 바코드를 찍고 있는데 어디선가 거슬리는 소리가 들렸다.

"세정 세정, 우리도 온 김에 책 빌릴까?"

나연이 세정의 팔에 팔짱을 끼며 말했다. 그래, 저 목소리. 하이 톤이라 듣고 있다 보면 머리가 윙윙 울렸지.

나연이 책을 빌리겠다며 세 권을 내밀었다. 띡, 띡, 띡, 바코드를 찍은 후 던지다시피 내려놓았다. 다른 아이들에게는 책을 친절히 건넸지만 이 애한테만큼은 그러고 싶지 않았다.

아이들이 모두 나가고 난 후 나도 도서관에서 나왔다. 4교시까지 정신없이 보냈더니 허기가 졌다.

식당에는 아이들이 가득했다. 식판을 들고 줄을 선 후 배식을 받았다. 초등학교랑 중학교 급식은 맛있었는데 고등학교 때는 유달리 맛없던 기억이 난다.

선생님들이 식사하는 곳은 뒤쪽에 따로 있었다. 그쪽으로 가 빈자리에 앉아서 밥을 먹으려고 하는데 아침에 만났던 최수현 선생님이 내 맞은편에 앉았다.

"아, 어제 김치볶음 재탕한 거 같아."

최수현 선생님이 식판을 내려놓으며 말했다. 제육볶음 안에 김치가 섞인 게 이제야 보였다.

"이 콩나물국 콩나물도 내일 볶음으로 나올지 몰라."

고등학교 때 급식을 먹으면서 아이들끼리 주고받던 이야

기와 비슷하다. 우리 학교는 같은 식재료가 이틀 이상씩 나왔다. 하얀 오이지가 나온 다음 날은 빨간 오이지무침이 나오는 식이었다.

최수현 선생님은 유혜원 씨와 제법 친한 사이 같았다. 갑자기 최수현 선생님은 소개팅 남에 대해 이야기했다. 벌써 세 번이나 만났는데 아직 사귀자는 말을 하지 않는다며 어떻게 해야 하는지 물었다.

"샘이 먼저 사귀자고 말해보세요."

"그게 안 되니까 그렇죠. 자기 일 아니라고 쉽게 말하면 어떡해?"

최수현 선생님이 콧소리를 내며 말했다. 내 일 아니라고 막 말하긴 했다. 게다가 나는 유혜원 씨가 아니니 유혜원 씨가 무슨 말을 하든 상관없다.

"아, 진짜 올해는 결혼하고 싶은데. 이 남자는 왜 이렇게 뜨뜻미지근한 거야."

최수현 선생님이 주변을 살피며 작은 목소리로 말했다. 이 선생님, 이런 캐릭터였나? 고2 때 수업 시간에 최수현 선생님은 결혼은 선택이라며 너희도 나중에 꼭 결혼할 필요는 없다고 자주 이야기했다. 지금은 결혼하지 않은 사람을 비혼이라고 하지만 그때는 미혼이라고 했다. 최수현 선생님은 미혼이라는 말 자체가 잘못되었다며 용어를 바꿔야 한다고 강력하게 말하던 사람이었는데. 아이들은 최수현 선생님이 멋지다며 좋아했다.

"자기는 소개팅 안 해?"

"저야 뭐."

나는 유혜원 씨에 대해서 잘 모른다. 이럴 땐 얼버무리는 게 최고다.

"근데 자기, 가지 못 먹지 않아?"

최수현 선생님이 내 식판에 있는 가지볶음을 가리키며 물었다. 유혜원 씨가 가지를 못 먹나 보다. 나는 가지 킬러인데.

"주시기에 그냥 받아왔어요."

오늘 가지볶음은 다 먹었다. 난 가지볶음에 손도 대지 못했다.

점심을 다 먹고 일어서는데 식당으로 들어오는 '내'가 보였다. 그때 나는 아이들이 밥을 다 먹고 난 후에야 혼자 식당으로 들어와 밥을 먹었다.

살면서 되도록 고1 때 일을 떠올리지 않으려고 했다. 사람이 나쁜 게 아니라 상황이 나빴던 거라는 말을 듣고 언젠가 나도 그렇게 말할 날이 올까 싶었다. 하지만 아니었다.

너희들 나한테 왜 그래? 내가 뭘 잘못했다고? 그거 오해라고. 난 나연이 먼저 세정에 대해 말해서 맞장구친 것이 다였는데. 그것만으로 모두에게서 나를 고립시켜야만 했어? 너희, 나한테 왜 그렇게 못되게 굴어? 사람 바보 만들면 좋아?

그때 나는 둘에게 그렇게 말하지 못했다. 차라리 열일곱의 나로 돌아왔다면 어땠을까? 둘에게 하고 싶은 말을 해버렸을까? 지난 두 번의 분실물을 찾으러 갔을 때는 하고 싶은 말만큼은 실컷 했는데.

고개 숙인 내가 떠올랐다. 자주 저 아래서 무언가 울컥 올라와 침을 삼키며 참았던 나. 나중에도 계속 미움받는 사람으로 남을까 봐 벌벌 떨던 나. 그냥 이대로 지구가 멸망해서 모든 게 다 끝나버리길 간절히 바랐던 나. 그 아이를 나는 다시 만났다.

나는 어떻게든 나를 도울 것이다.

디어 미 ___ 3

:: 나는 나를 편애한다

"담임선생님이요?"

'나'는 날 제대로 쳐다보지 않은 채 느리고 낮은 목소리로 물었다. '나'는 놀라지도 당황하지도 않아 보인다. 아주 조금의 감정도 드러나지 않았다.

"응. 도서부 아이들로만 행사를 꾸리기엔 인원이 너무 적어서. 너희 담임선생님이 너를 추천하시더라고."

"네에."

이건 하겠다는 대답이야, 아니면 그냥 내 말을 듣고 있다는 표시야? 나도 참 '나'를 알 수가 없다.

"생활기록부에도 쓸 수 있을 거야."

"네에."

또 같은 대답, 같은 표정이다.

"할 거지?"

이번에 '나'는 아무 대답도 하지 않는다. 별로 내키지 않는 것 같다.

"두세 번 정도 미리 와서 행사 준비하면 돼. 기말고사도 끝나서 부담 없잖아. 응? 내가 특별히 연체 취소 쿠폰도 세 장 줄게."

책을 연체한 일수만큼 책을 빌리지 못하는데 도서관 행사에 참여한 학생들은 연체 취소 쿠폰을 받을 수 있다.

"딱 일주일만 방과 후에 한 시간 정도씩 와서 준비하면 돼. 어렵지 않아. 할 수 있지?"

나는 이런 말 저런 말을 늘어놓았다. 그 시절 '나'는 다른 사람의 부탁을 잘 거절하지 못했다. 특히 도움이 필요하다며 애원하는 사람의 부탁은 더더욱.

"시간이 별로 없어서 얼른 준비 시작해야 하는데 큰일이네. 혜원이 네가 꼭 좀 도와주면 좋겠는데."

난 간절하게 말했다. 진짜로 '내'가 오길 바랐으니까.

"네. 할게요."

한참 고민하던 '내'가 드디어 수락했다.

"고마워. 여기 핸드폰 번호만 적어줘. 연락할게."

'나'는 내가 내민 종이에 제 이름과 반, 핸드폰 번호를 적었다. 물론 나는 '나'의 핸드폰 번호를 알고 있지만 아는 척을 할 수 없었다.

"책 빌릴 거 없어?"

"네."

"그럼 이거 읽어볼래? 좋더라고."

책상 위에 미리 꺼내둔 책을 '나'에게 건넸다. 고3 때인가 내가 무척 재밌게 읽었던 책인데 나중에 읽긴 하겠지만 조금 먼저 봐도 좋을 거다. 이 책을 빌려 가야만 반납할 때 도서관에 한 번이라도 더 오겠지.

'나'는 고개를 꾸벅 숙인 후 대출한 책을 들고 도서관에서 나갔다. 문을 살짝 열어 '나'의 뒷모습을 바라봤다. 어깨는 왜 저렇게 축 처진 거야, 걸음은 왜 저렇게 느리고. 고개 좀 들지. 저런 모습으로 1년 내내 지냈던 거니?

'나'에게 어떻게 도움을 줄 수 있을까 생각하다가 교실이 아닌 공간을 주면 좋겠다 싶었다. 초등학교, 중학교 때만 하더라도 도서관에 자주 갔다. 하지만 고등학생이 되면서 방문한 날을 손에 꼽을 수 있을 만큼 도서관에 잘 가지 않았다. 나만 그런 게 아니라 많은 아이들이 그랬다. 고등학생은 도서관 책보다 문제집을 더 가까이 해야 하니까. 도서관에 자주 드나드는 아이들은 도서부 아이들이었다. 도서관 앞을 지나갈 때 도서부 아이들이 떠드는 소리가 들렸고 교실이 아닌 공간에 있을 수 있는 그 아이들이 부러웠다. 새 학기 초에 도서부를 신청하지 않아 도중에 들어갈 수는 없었다.

여름방학 독서 프로그램으로 '작가와의 만남'이 있다. 도서부와 신청한 아이들이 듣는 건데 신청률이 저조했다. 학기 중이 아니라 방학 다음 날 진행하는 거라 더 그런 듯했다. '나'를 이 프로그램에 참여하게 하면 자연스레 도서부에 들어오게 만들 수 있다. '나' 한 명만 오라고 할 수 없어서 2, 3학년 때 같은 반이 되어 가깝게 지내던 다른 아이들도 불렀다. 담임선생님의 추천은 거짓말이다. 내 성격상 담임선생님에게 가서 진짜 추천했느냐고 물어볼 리는 없고 만약 확인을 했는데 담임선생님이 추천한 적 없다고 하면 착오가 있었다고 둘러대면 된다.

그때 내가 처한 상황을 누구에게도 말한 적이 없다. 담임선생님은 알아주지 않을까 기대했지만 초등학교 때처럼 교실 안에서 늘 같이 지내는 게 아니라 모르는 듯했고 담임선생님에게 말한다고 달라질 것 같지도 않았다. 가족들도 모른다. 엄마, 아빠는 늘 바빴다. 빚을 갚으려고 고군분투하는 부모님에게 나까지 신경 쓸 일을 보탤 수 없었고 오빠는 친하지 않았다. 누군가 나를 도와주길 바랐지만 내게 손 내미는 사람은 아무도 없었다. 그때 나는 기대를 버렸다. 기대하지도 않았고 기도하지도 않았다.

점심시간이 끝나갈 무렵 나연과 세정이 도서관으로 들어왔다. 이 시절로 돌아와서 좋지 않은 건 저것들을 봐야 한다는 거다. 나는 둘의 뒷모습을 노려봤다.

두 아이가 책을 골라 와 내게 내밀었다. 세정은 한 권을 가져왔지만 나연은 세 권이나 가져왔다. 지난번 책도 안 읽고 반납한 것 같은데 올 때마다 저렇게 욕심을 부린다.

"최나연, 연체 도서 있는데?"

바코드를 찍으며 말했다.

"어? 뭐요?"

책 제목을 말해주었다.

"어제 세 권 다 반납했어요."

"아냐. 두 권만 반납됐어."

"아닌데."

나연이 고개를 갸웃거렸다.

"집에 가서 다시 한번 찾아봐. 못 찾으면 변상해야 해."

연체 도서가 있으면 책을 빌릴 수 없기에 옆에 서 있던 세정이 자기 이름으로 빌려주냐며 물었다.

"됐어. 어차피 읽지도 않을 건데 뭐. 아, 짜증 나. 세정 세정, 가자."

나연이 세정의 팔을 툭 치며 말했다. 나연은 나가면서 내내 투덜거렸다.

어제 나연은 책 세 권을 모두 가져왔다. 하지만 세 권 중 가장 비싼 책 한 권은 일부러 반납 처리를 하지 않았다. 도서관 책장 맨 구석 청구기호가 맞지 않는 곳에 숨겨두었다. 당분간은 그 책을 찾을 수 없을 거다. 찾는 날이 언제가 될지 모른다. 그때까지 책을 변상하지 않으면 대출이 불가하다. 이건 내가 할 수 있는 소심한 복수다.

그 시절 나는 나연의 불행을 바라지 않았다. 내가 있던 그곳은 너무나 어두워서 눈을 떠도 캄캄했고 그 상황에서 나를 힘들게 한 사람의 불행을 바랄 여유는 없었다. 살려달라고 도와달라고 소리치고 싶었지만 아무런 소리가 나오지 않았다. 할 수 있는 건 그저 손을 마구 휘젓는 것뿐이었다. 하지만 아무것도 잡히지 않았고 누구도 나를 찾으러 와주지 않았다.

수업이 끝난 후 도서부 아이들과 '내'가 왔다. 도서부 아이들에게는 행사 준비를 함께할 신청자를 더 받았다고 말해두었다.

미리 스물여덟 명의 아이들을 네 개 조로 나누었다. '내'가 속한 조는 1, 2학년을 고루 섞었고 자기들끼리 친한 아이가 없도록 조정했다. 그래야 '내'가 소외감을 느끼지 않고 새로운 아이들과 함께 어울릴 수 있으니까. 다행히 '나'와 같은 반에는 도서부가 없었다.

"북 트레일러라고 들어봤죠? 북 트레일러는 영화 예고편 같은 거예요. 책 예고편이라고 할 수 있죠. 일주일 동안 조별로 북 트레일러를 만들어볼 거예요. UCC 공모전에도 낼 예정이에요."

아이들은 북 트레일러 만들기가 생소한지 고개를 돌려 서로 바라보며 난감해했다. 지금이야 북 트레일러를 초등학생도 만든다지만 10년 전만 해도 그렇지 않았다. 먼저 잘 만든 북 트레일러를 찾아서 몇 개 보여주었다.

"어려울 거 같은데요."

아이들이 인상을 찡그리며 말했다. 제작 과정을 차근차근 설명해주니 해볼 만하다고 생각되는지 그새 표정이 풀렸다. 저 때는 몰랐다. 얼굴에 감정이 모두 다 드러나는 걸. 좋고 싫은 게 어쩜 저렇게 다 티가 날까. 어른이 되는 건 표정을 숨겨야 하는 일인지도 모른다.

못할 것 같다던 아이들은 조별로 모여서 열심히 아이디어를 냈고 '나' 역시 교실에서와 다르게 의견을 내며 함께 참여하고 있다. 여긴 '나'를 아는 아이들이 없다. '나'를 숨 막히게 하는 분위기가 아니기에 '나'는 조금씩 목소리를 냈다.

일부러 '내'가 속한 모둠을 얼쩡거렸고 '내'가 의견을 내놓으면 티가 나지 않게 "그거 괜찮다", "좋은 아이디어네" 하고 거들었다. 분위기를 그렇게 만들자 다른 모둠 아이들도 '나'의 말에 귀를 기울였고 '나'도 더 적극적으로 참여했다.

한 시간 정도가 지났을 때 학원에 갈 아이들에게는 먼저 가도 된다고 알렸다. '나'는 남을 것이다. 고1 때는 학원에 다니지 않았고 고2가 되면서 학원에 다니게 되었다. 그때는 집

안 형편이 나아진 줄 알았는데 나중에 알고 보니 엄마가 외삼촌에게 학원비를 빌린 거였다.

“남는 사람들은 선생님이 피자 쏠게!”

아이들이 와아! 하고 함성을 질렀고 학원에 가기 위해 가방을 챙기던 아이들이 진작 시켜주지 그랬냐며 볼멘소리를 했다.

“미안. 내일은 오자마자 간식 준비해놓을게.”

“진짜요? 와, 샘! 진짜 최고!”

절반 정도가 학원 때문에 갔고 열 명이 조금 넘는 아이들이 남았다. 피자 주문을 하기 위해 핸드폰에서 배달 앱을 찾아보니 있긴 하지만 활성화되기 전이었다.

피자 가게에 직접 전화를 해 학교로 주문했다. 주문은 내가 하지만 피자 값 결제는 유혜원 씨가 해줄 거다. 미안해요, 유혜원 씨. 내가 돈을 가지고 오지 않아서 어쩔 수 없네요. 내일도 좀 쓸게요. 그래도 날 위해서만 쓴 건 아니에요. 유혜원 씨 학생들이잖아요.

30분쯤 지나자 피자가 도착했다. 상자를 열어본 아이들이 왜 하와이안 피자만 있느냐고 물었다. 그건 ‘내’가 좋아하기 때문이다. 파인애플이 올라간 하와이안 피자를 싫어하는 사람도 있지만 달콤하고 아삭한 파인애플이 올라간 피자야말로 인류 최고의 발명품 중 하나다. '내'가 속한 조만 하와이안 피자를 시켜줄 수가 없어서 전부 다 같은 걸로 주문했다. 다른 사람도 아니고 내가 나를 편애한다는데 뭐 어때?

넉넉하게 시켜서 남을 줄 알았는데 아이들이 무척 잘 먹었다. 고등학생의 식성을 깜빡했다. 하와이안 피자가 싫다고 말한 아이들마저도 맛있다며 먹었다.

피자를 다 먹은 후 아이들이 갈 준비를 했고 '나'도 가방을 챙기고 있다. 말을 걸고 싶지만 '나'만 따로 부를 수가 없었다. 나가는 아이들에게 내일 보자는 말을 건넸는데 '나'에게는 유독 더 따뜻하게 그 말을 전했다.

'나'는 같은 조의 김윤지와 잘 맞는 듯했다. 김윤지는 2, 3학년 때도 같은 반이 되지 않아 기억 속에 없는 아이다. 이번 행사로 친하게 지내면 좋을 것 같았다. 어떻게 하면 둘을 더 가까워지게 할 수 있을지 고민 끝에 둘에게 행사 진행을 맡기기로 했다. 북 토크로 행사를 꾸밀 예정이라 진행자가 준비할 게 따로 있었다. 도서부 아이들이 참여할 일이 많도록 일부러 행사를 강연이 아니라 토크 형식으로 기획했다. 그러다 보니 북 트레일러와 인터뷰 질문지 만들기 등 사서가 지도해야 할 일이 많았다. 최수현 선생님은 왜 이렇게 고생을 사서 하느냐며 예년처럼 작가 강연만 하라고 했지만 그럴 수 없었다.

'나'와 김윤지를 불러 북 토크를 진행해보면 어떻겠느냐고 물었다. 김윤지는 곧바로 대답했지만 '나'는 역시나 망설였다.

"둘이 잘 맞을 것 같아서 그래. 너희 둘이 맡아주면 좋을 것 같은데."

내가 여러 번 부탁하자 '나'는 해보겠다고 대답했다.

두 아이에게 진행 순서를 알려준 후 대본을 써 오면 고쳐주겠다고 했다. 대본을 쓰면서 둘이 가까워지기를 바랐다. 도서부의 새 친구가 생기면 '나'는 다른 마음을 가질 테니까. '나'와 윤지는 내 기대대로 따로 전화번호를 교환했다. 이 행사가 끝나도 계속 연락을 하고 지냈으면 좋겠다.

'나'를 마주하게 되었을 때 불편한 기억들이 떠올라 괴로웠다. 왜 가방을 받으러 온 걸까 후회했다. 하지만 유혜원 씨 가방을 받으러 오길 잘한 것 같다. 이러려고 내가 돌아온 거구나.

그렇게 내 계획대로 일이 되어가는 줄 알았다. 하지만 그건 나의 완전한 착각이었다.

디어 미 ___ 4

:: 미안해

어찌 된 일인지 행사 전날 마지막 모임에 '내'가 오지 않았다. '나'는 지각을 하지 않는다. 부지런해서가 아니라 지각을 했을 때 다른 사람들이 쳐다보는 게 싫어서다. 기한을 넘기는 일도 하지 않는다.

'나'는 왜 오지 않는 거지? '내'가 없다고 모임을 안 할 수는 없었다. 혹시 '내'가 올까 봐 도서관 문 쪽을 계속 흘끔거렸다.

"오늘은 질문 판을 만들 거예요. 작가님께 질문하고 싶은 걸 골라서 질문 판에 붙이면 돼요."

10분이 훌쩍 지나서도 '내'가 나타나지 않아 같이 사회를 준비하는 윤지에게 다가갔다.

"윤지야, 혜원이 왜 안 온 건지 알아?"

"아."

윤지는 뭔가 알고 있는 표정이었다.

"혜원이 사회 안 본대요. 선생님한테 따로 연락 안 했어요?"

"응. 연락 없었는데."

도대체 무슨 일이 있는 거지? '나'의 성격상 맡은 일은 하기 싫어도 꾸역꾸역할 텐데. 먼저 안 한다고 했다니 이상하지만 다른 아이들이 있어서 윤지에게 더는 물어볼 수 없었다. '나'에게 여러 번 전화를 걸었지만 받지 않아 문자를 보냈다.

-혜원아, 사서 선생님인데 오늘 안 오니? 무슨 일 있어?

질문 판이 거의 다 완성되었다. 오늘은 간식을 사주고 싶지 않았다. '내'가 없는데 간식은 무슨. 아이들에게 일주일 동안 수고 많았다며 내일 행사에 늦지 않게 오라고 했다.

다른 아이들은 도서관에서 다 나갔는데 도서부인 윤지와 서우가 남았다.

"샘, 혜원이 사회 안 본다고 하니까 서우가 대신하면 안 돼요? 서우가 더 잘할 거예요."

윤지가 옆에 있던 서우를 가리키며 물었다. 둘은 어깨를 밀며 장난을 치고 있다. 설마 10년 전과 같은 상황인 걸까. 갑자기 머리가 핑 돌았다.

"서우는 가고 윤지만 남을래?"

내 목소리가 싸늘해서인지 윤지와 서우는 장난치는 걸 멈추었다.

서우가 나간 후 윤지와 단둘이 남았다.

"윤지야, 혜원이가 왜 사회 안 본다고 한 거야?"

나는 최대한 다정하게 물었다. 그래야 윤지가 말을 할 테니까.

"모르겠어요. 아까 저한테 안 한다고 했어요."

"그래? 어제까지는 그런 말 없었잖아."

일부러 윤지를 탓하는 게 아니라 도무지 모르겠다는 식으로 말했다.

"샘, 근데 혜원이 걔는 도서부도 아니잖아요. 왜 도서부 아닌 애가 사회를 봐요?"

윤지가 툴툴거렸고 어떻게 된 건지 그림이 그려졌다. 윤지는 도서부 친구와 함께 사회 보기를 원했을 테고 '나'는 박힌 돌을 빼낸 굴러온 돌이 되어버렸겠지. '나'의 입에서 먼저 그만두겠다는 말이 나온 건 노골적으로 윤지가 싫은 티를 냈기 때문일 거다. '나'를 도와주려고 한 행동이 오히려 '나'를 곤란하게 만들어버렸다.

"유혜원 걔 2반 애들도 엄청 싫어해요. 음침하고 어둡고. 아, 무슨 생각을 하는지 모르겠어요."

두 주먹을 꽉 쥐었고 손톱이 손바닥 살을 찔렀다. 손이 부들부들 떨리는 걸 막기 위해 더 꽉 쥐었다. '나'의 욕을 직접 듣고 있어야 한다니. 나는 대답 대신 눈을 감았다. 네가 뭘 안다고 '나'에 대해 함부로 말하는 거니? 너는 그런 말 할 자격 없고 '나'도 그런 말 들을 이유 전혀 없거든.

그 말을 하는 대신 천천히 눈을 떴다.

"너도 혜원이가 싫어? 왜?"

직접적으로 물었다. 윤지에게 미움받을, 싫어한다는 말을 들을 정도의 행동을 '나'는 하지 않았을 거다. 전에 겪은 일들로 주변 눈치를 살피며 평소보다도 더 조심했을 게 뻔하다. 교실 문을 닫으면 분위기가 새어 나오지 않을 줄 알았는데 바깥까지 흘러나온 건가. '내'가 뭘 그렇게 잘못했냐고 따져 묻고 싶은 걸 간신히 참았다.

"뭐 그건 아니지만 그냥 도서부가 아니잖아요……."

윤지가 말끝을 흐렸다.

"발랄한 윤지랑 차분한 혜원이 목소리 합이 좋을 거라 생각했어. 그래서 너희 둘에게 사회를 맡긴 거야. 왜 도서부가 아닌 아이를 사회 시키느냐고? 이 행사는 도서부만의 행사가 아니야. 도서관 행사에 다른 학생들이 참여하지 않아서 너희들도 불만이라고 했잖아."

이건 유혜원 씨 수첩에서 본 내용이다. 수첩에 '도서관 행사 확장성', '어떻게?', '도서부만의 행사가 되어서는 안 됨'이라고 낙서해놓은 걸 봤다.

"도서부 아이들 모두 너랑 같은 생각인 거니? 이 행사 도서부끼리만 하길 바라는 거야?"

"아뇨. 그건 아니에요. 그냥 저는 서우랑 더 잘 맞으니까."

"이거 너희 둘이 하는 행사니?"

내 질문에 윤지는 아무 말도 하지 못했다.

"선생님도 다 생각이 있어서 너랑 혜원이한테 사회를 시킨 거였어. 그런데 너희들 맘대로 정할 거면 선생님이 왜 있어야 하니? 그건 너희가 나까지 무시하는 거야."

단호하게 말했다. 잘못한 행동은 잘못되었다고 말해주어야 한다.

"사회는 그냥 윤지 혼자 보는 게 좋겠다. 다른 사람이 하게 된 걸 알면 혜원이 마음이 어떻겠니?"

"죄송해요."

"나한테 미안할 건 없어. 혜원이한테 미안해해야지."

"네."

윤지를 그대로 돌려보낼 수는 없었다. 이제까지 도서부 일을 열심히 한 걸 누구보다 잘 알고 있다고(사실 나는 모른다) 윤지가 행사 준비를 잘 도와줘서 너무 고맙다고(고맙긴. '나'에게 한 행동을 생각하면 미워죽겠다) 당근을 마구 주었다. 윤지가 이 일로 기분이 상하면 그 화살은 '나'에게 돌아갈 수 있으니까. 괜한 데 화풀이한다고 윤지가 '나'를 미워할 수도 있다. 그렇게 되는 것만큼은 막아야 한다. 강사 일을 할 때 학원에서는 절대 아이들을 혼내지 말라고 일렀다. 아이들을 혼낼 수 있는 건 '일타 강사'밖에 없다고 했다. 최고의 인기를 구가하는 '일등 스타 강사'는 어떤 행동을 해도 타당성이 만들어지니까. 그러니까 한마디로 절대 아이들을 혼내지 말라는 거였다. 교육을 하는 게 아니라 서비스를 한다는 마인드로 아이들을 대해야 한다. 교실을 나가는 아이들에게 불쾌감을 주면 안 된다. 그건 곧바로 수강 취소로 이어진다.

"윤지야, 그동안 행사 준비하느라고 고생 많았어."

미운 놈 떡 하나 더 준다는 마음으로 서랍에서 초콜릿 바를 꺼내 윤지에게 건넸다. 초콜릿 바를 건네받은 윤지의 표정이 밝아졌다.

"내일 잘할 수 있지? 선생님은 윤지 믿는다."

"네."

윤지가 인사를 한 후 나갔다.

나연만 피하면 된다고 생각했는데 나연과 다를 게 없는 윤지가 나타났다. 그래. 생각해보면 저런 사람들을 꽤 여럿 만났다. 내가 잘못해서 미움을 산 게 아니었다. 저 아이들은 자기 것을 빼앗긴다고 느끼면 발톱을 세운다. 하지만 그때는 몰랐다. 내 문제가 아닌 걸, 내 잘못이 아닌 걸.

'나'에게 답은 오지 않았다. '나'는 지금 또 얼마나 혼자 끙끙 앓고 있을까. 안 되겠다, 직접 만나러 가야지.

집 앞에 도착해 '나'에게 연락이 안 되어 무작정 찾아왔다며 메시지를 보냈다. 핸드폰이 꺼져 있지 않은 걸 보면 메시지는 확인하고 있을 거다.

잠시 후 '내'가 나왔는데 몹시 당황한 얼굴이다.

"선생님이 여긴 어떻게 찾아오셨어요?"

"네가 오늘 안 왔으니까 내가 왔지. 사회는 안 봐도 돼. 그래도 북 트레일러도 같이 만들고 고생했잖아. 내일 당연히 참석해야지."

'나'는 가만히 내 말을 듣고만 있다. 다행히 윤지를 제외하고 다른 도서부원들은 '나'에 대한 반감은 없는 것 같았다. 여기로 오기 전에 '나'와 같은 조인 2학년 도서부 윤아에게 전화를 걸어 '내'가 오늘 왜 안 왔느냐고 물으니 "그러게요. 제가 연락해볼게요"라고 말했다. 윤아는 다른 아이들을 잘 챙기는 성격이다. 아마도 '나'에게 연락을 했을 거다.

"아, 배고프다. 근데 여기 잘하는 돈가스집 없니?"

"한 군데 있어요."

"진짜? 나 좀 데려가줘. 내가 돈가스를 제일 좋아하거든."

계속 졸라대자 '내'가 앞장섰다. 이 동네에는 '내'가 좋아하는 경양식 돈가스집이 있다. 엄마와 한 번 먹으러 갔는데 너무 맛있었지만 그 후로 가지 못했다. 포장도 안 되고 혼자 먹으러 갈 수는 없어서 가지 못했는데 가게 앞을 지나면서 먹고 싶다는 생각을 자주 했다.

'나'와 함께 돈가스 가게로 들어가 자리에 앉았다. '나'와 마주 앉아 있으니 기분이 묘했다. 사람은 절대로 자기 얼굴을 실제 생김새 그대로 보지 못한다는데 나는 이렇게 보고 있다. 중학생 때 많았던 이마의 여드름은 거의 사라졌다. 여드름 흉터가 몇 개 남았을 뿐이다. 체형은 지금이랑 비슷하다. 마지막으로 키가 큰 게 고1 때였으니까. 고3 때 살이 좀 많이 찌긴 했지만 대학에 들어가면서 다시 빠졌다. 피부가 참 탱탱하구나. 지금이랑 비교하면 애기다, 애기.

내가 참 어렸구나. 참 예뻤구나. 그런데 그땐 그걸 몰랐다.

물을 마시던 '나'와 눈이 마주쳤고 '나'는 조금 놀란 것 같다. 너무 빤히 쳐다봤나 보다. 난 시선을 돌리며 포크로 피클을 찍어 먹었다.

잠시 후 돈가스가 나왔는데 얇은 고기 위에 뿌려진 소스 냄새가 고소했다. 돈가스를 썰어 입에 넣었다. '나'도 돈가스를 맛있게 잘 먹었다.

"나 고등학교 때 반 아이들이랑 사이가 안 좋았어, 엄청."

식사를 거의 다 마쳤을 즈음 내가 이야기를 꺼냈다. '나'는 갑작스러운 내 말에 눈을 크게 뜨고 나를 바라봤다.

"나를 미워하는 애가 있었는데 어쩌다 보니까 반 전체가 다 나를 싫어하는 분위기가 만들어지더라고."

"힘드셨겠어요."

'내'가 곧바로 대꾸했다.

"응. 무지 많이. 그래서 학교라면 지긋지긋했는데 학교에서 일을 하고 있네."

"학교는 싫어해도 책은 좋아하셨나 보죠."

유혜원 씨에 대해 잘 모르지만 대충 그럴 거 같아 고개를 끄덕였다.

"그때 나한테 문제가 있다고 생각했어. 그러니까 다 나를 미워하는 거지. 그러다 보니까 나도 나를 미워했던 거 같아. 그런데 지나서 생각해보니까 아니더라고. 내가 잘못한 게 아니었어. 그냥 걔네들이 나빴던 거야. 미안해, 혜원아."

뒤늦게 나에게 사과를 했다. 그때 나는 나를 좋아하지 못했다. 내가 바보 같고 한심하다고 생각했다. 미안해. 스스로를 좋아해주지 못해서.

"선생님이 뭐가 미안해요?"

"윤지가 너한테 한 일들, 들었어."

“아, 괜찮아요. 저도 뭐 사회 보고 싶지 않았어요. 그거 안 해도 괜찮아요.”

‘나’는 양어깨를 들었다 내리며 대답했다.

“다 지나가더라. 견디고 버티다 보면 정말로 괜찮아지는 날이 와.”

“그럴까요? 정말로 다 지나갈까요?”

‘나’는 혼잣말을 하듯 그 말을 내뱉었다.

“그럼. 그때 내가 있는 곳이 동굴인 줄 알았는데 지나 보니 터널이었어. 정말로 언젠가 다 지나가. 혜원아, 도서관에 자주 와. 점심시간에도 오고 학교 끝나고도 와. 책도 보고 그냥 엎드려 있다 가도 돼. 다른 데 가지 말고 꼭 도서관으로 와. 2학년 때는 도서부 신청하고.”

순간 이 세계에 오래 머물고 싶어졌다. ‘내’가 1학년을 마칠 때까지 도서관에 있어줄 수 있다면 얼마나 좋을까. 그러면 ‘내’가 무사히 버틸 수 있을 것 같은데. 부디 ‘내’가 그날 그곳이 아닌 도서관으로 가기를.

“아이스크림 먹으러 갈래? 체리쥬빌레?”

“네.”

‘나’의 얼굴에 미소가 지어졌다. ‘나’는 체리쥬빌레 아이스크림을 정말 좋아했으니까. 하지만 브랜드 가게 아이스크림은 비싸서 자주 사 먹지 못했다. 어른이 되어 좋은 건 그 아이스크림 정도는 마음먹으면 언제든지 먹을 수 있다는 점이다.

'나'와 함께 아이스크림을 사 먹었다. 아이스크림을 먹는 '나'에게 참 예쁘다는 말을 속으로만 몇 번이나 했다. 아무리 '나'지만 그 말을 소리 내어 하는 건 조금 쑥스러웠으니까.

"혜원아, 내일 행사에 꼭 와. 너도 같이 준비했잖아."

'나'는 아무 대답을 하지 않는다.

"야, 선생님이 이렇게 찾아와서 밥도 사주고 아이스크림까지 사줬는데 그러기야?"

"갈게요."

"약속한 거다."

"네."

대답을 하는 '내'가 살짝 미소를 짓는 것도 같았다.

"그래. 꼭 와야 해."

아이스크림 가게 앞에서 '나'와 헤어졌다. '나'를 있는 힘껏 꽉 안아주고 싶었지만 그것만큼은 참았다. '내'가 이상한 오해를 할 수 있다. 대신 '내'가 걸어가는 뒷모습을 지켜봤다. 걸어가고 있는 '나'의 어깨는 처음 만났을 때보다 조금 더 펴진 것 같다.

배가 불러서인지 이상하게 편해졌다. 콧노래가 절로 나왔고 가뿐한 마음으로 걷고 있는데 갑자기 발밑이 꺼졌다.

주변 사람들이 "싱크홀이다!" 소리쳤고 나는 그 속으로 빨려 들어갔다.

네 번째 분실물: 핸드폰

잃어버리지 않은 ___ 물건

책상 서랍에서 민트색 다이어리를 꺼냈다. 이 다이어리 표지 사진을 찍어 분실물 함에 넣어두었지만 주인은 계속 찾으러 오지 않고 있다. 혹시 내가 출근하지 않은 날에 다이어리를 찾으러 온 학생이 없었느냐고 박윤경 선생님에게 물었지만 없었단다.

다이어리 주인이 쓴 '동굴'이라는 말이 자꾸 신경 쓰인다. 이 일기들은 마치 내가 고등학생 때 썼던 것만 같다. 나도 이런 글을 쓴 적이 여러 번 있었으니까. 숨을 쉬지 못할 것처럼 답답한 날에 다이어리에 이것저것 적었다. 그때는 정말 답답해 죽을 것 같았는데. 이 아이는 아직 동굴에 있는 걸까?

온통 우울한 내용 중에 간혹 다른 내용도 한두 개 섞여 있었다.

-해보자, 2월. 힘내자 2월! 화이팅!!!

그런데 2월이 대체 뭐지? 자기 이름인가? 아니면 별명? 3월 플랜에 적혀 있는 걸 봐서는 2월 달을 말하는 것 같지는 않다. 나도 한때 유혜원을 USUN이라고 했다. 유→U, 혜(해)→SUN. 그래서 그때 만든 아이디도 다 USUN으로 시작된다.

다이어리를 서랍 안에 넣은 후 휴게실이 있는 2층으로 내려왔다. 쉬는 시간이라 학생들이 복도에 많이 오가는 중이었고 휴게실에도 몇몇 아이들이 앉아서 대화를 나누고 있었다.

분실물 함을 들여다보니 사진은 그대로 있다. 그사이 누가 찾아갔는지 사라진 물품도 있다. 한동안 보였던 파란색 필통이 보이지 않는다. 나머지 물건들도 언젠가 주인을 찾을 수 있을까?

유혜원 씨 몸인 상태에서 싱크홀에 빠진 날, 정신을 차려

보니 식당 앞이었다. 식당은 파스타 가게로 바뀌었고 나도 원래 내 몸으로 돌아와 있었다. 시간은 가방을 찾으러 갔던 그때였다. 식당 안으로 들어가 내 것이 아니라고 말한 후 유혜원 씨의 가방을 맡겼다.

식당에서 나오는데 어떤 여자가 급하게 식당 안으로 들어갔다. 설마 유혜원 씨? 잠시 기다렸더니 식당으로 들어갔던 여자가 나왔다.

"저기, 선생님."

"어머! 이게 누구야? 혜원아!"

유혜원 씨, 그러니까 유혜원 선생님은 나를 알아봤다. 조금 전까지 내가 살았던 선생님보다 10년쯤 나이 든 모습이었다.

가방을 찾으러 왔다는 선생님과 함께 근처 카페로 갔다. 선생님은 도서부 활동을 열심히 하고 책을 좋아한 아이로 나를 기억하고 있었다. 다행히 내가 2학년 때는 도서부에 들어가 활동을 했구나. 돌아가서 내가 벌인 일들이 무의미하지 않았다는 생각에 안도감이 들었다.

무슨 일을 하고 있느냐는 선생님의 물음에 나도 모르게 "시나리오를 쓰고 있어요"라고 말해버렸다. 아직 한 줄도 못

셨는데. 선생님은 지금은 근처 다른 학교에서 근무 중이라고 했다. 초등학교에 있는데 쉬는 시간마다 대출을 하러 오는 아이들이 너무 많아서 정신이 없다고 했다. 이런저런 이야기를 하고 선생님과 헤어졌다.

유혜원 씨로부터 돌아온 지 한 달이 다 되어간다. 분실물을 찾으러 오라는 세 번의 연락은 2주 간격으로 받았다. 지금은 2주가 훌쩍 지났지만 분실물 연락이 없다. 이제 더 이상 찾으러 갈 게 없는 건가?

분실물 함을 한참 동안 내려다보고 있는데 한 여학생이 다가왔다. 그 아이는 분실물 함을 뒤적거렸다.

"뭐 찾아요?"

"아, 에어팟을 잃어버렸거든요."

"어디서요?"

"모르겠어요. 강의실에 놓고 간 것 같은데."

그런 고가의 물건은 찾기 힘들다. 비싼 물건은 주운 사람이 가져가는 경우가 종종 있다. 아이는 후유 하고 길게 한숨을 내쉬었다.

"산 지 얼마 안 됐어요?"

"네……."

아이의 얼굴이 어두웠다. 나라도 에어팟을 잃어버리면 속상해서 저럴 것 같다.

"혹시 찾으면 연락 줄게요. 이름이랑 연락처 남겨줄래요?"

그럴 리는 없지만 양심 있는 사람이 주울 수도 있다. 잠시 머뭇거리던 아이는 가방에서 수첩을 꺼내 자기 이름과 핸드폰 번호를 적은 후 그걸 찢어 내게 건넸다.

"근데 왜 저건 사진만 있어요?"

아이가 다이어리 사진을 가리키며 물었다.

"아, 그건 주인이 직접 찾아가야 할 거 같아서요."

"네에."

아이가 고개를 꾸벅 숙인 후 휴게실을 나갔고 나는 종이를 주머니에 넣었다.

학원 근무가 끝나고 집으로 돌아오니 밤 열한 시가 넘었다. 주방에서 물을 마시고 있는데 안방 문이 열리면서 자다가 깬 엄마가 나왔다. 이른 아침에 출근하는 엄마는 열 시면 잠이 든다. 여섯 살 아이의 시터 일을 하고 있는데 아이의 부모가 아침 일곱 시에 출근을 해야 해서 그 집에 여섯 시 50분까지 가야 한다.

엄마도 목이 말랐는지 주방으로 들어와 물을 마셨다.

"너 핸드폰은 찾았어?"

"무슨 핸드폰?"

"아니, 아까 저녁에 네 번호로 전화가 왔더라고. 네 핸드폰을 주웠다던데?"

"내 핸드폰을?"

"응. 그런데 내가 너희 학원 번호를 모르더라고. 너랑 따로 연락할 방법이 없어서 그냥 두었어. 네가 전화해서 찾겠지 싶어서."

도대체 엄마가 무슨 소리를 하는지 모르겠다.

"그거 보이스피싱 아냐? 나 핸드폰 잃어버린 적 없는데?"

"아냐. 분명히 네 번호였어."

문자를 도용하는 경우는 봤지만 전화번호를 도용하는 경우는 보지 못했다. 내 핸드폰으로 누가 장난을 쳤나? 하지만 하루 종일 핸드폰은 내 주머니 안에 있었다. 핸드폰을 잃어버린 적이 없다.

"엄마, 핸드폰 어딨어? 좀 줘봐."

엄마가 거실 탁자 위를 가리켰다. 핸드폰 통화 목록에 정말로 '이쁜 딸'과 통화한 내역이 일곱 시에 있었다. 그 시간은 식당에서 혼자 밥을 먹고 있었을 때다. 그때도 계속 김밥을 먹으며 핸드폰을 만지고 있었는데.

"무슨 철물점이라던데? 거기로 찾으러 오라고 하더라. 네 아빠한테도 전화 왔었대."

세상에, 보이스피싱이 점점 진화하고 있다. 엄마에게 절대 내 번호로 전화가 와도 돈 같은 거 보내지 말라고 단단히 일러두었다.

"내가 돈이 어딨어?"

엄마는 걱정 붙들어 매라고 대답했다. 진짜 내가 전화해서 돈을 빌려달라고 해도 안 빌려줄 것 같다.

물을 마신 후 엄마는 화장실로 들어갔는데 여느 때와 마찬가지로 화장실 전등을 켜지 않은 채 문을 열어놓고 볼일을 봤다.

엄마가 화장실에서 나왔다. 엄마의 실루엣에서 중년의 시간이 느껴졌다. 토토로 필통을 찾으러 갔던 아홉 살 때, 다이어리를 찾으러 갔던 열다섯 살 때와 비교하면 엄마의 세월도 많이 흘렀다. 그때 엄마는 지금만큼 얼굴에 주름이 있지 않았다. 엄마가 돌보는 여섯 살 아이는 엄마에게 '할머니'라고 부른다고 했다. 엄마가 할머니 나이가 되다니.

"엄마, 참 열심히 살았어. 고생 많았네, 우리 엄마."

엄마 등 뒤에 대고 말했다.

"왜 이래, 얘가? 나 돈 없어, 얘. 알아서 갚아."

결국 엄마는 돈 이야기로 분위기를 깼다. 몇 번 카드 값이 부족해 돈을 빌린 적이 있긴 하지만 그때는 학원에 취업하기 전이라 어쩔 수 없었다.

방으로 들어왔는데 라임으로부터 연락이 와 있었다.

–핸드폰 찾았어?

뭐지? 라임한테도 전화를 한 건가? 라임에게 메시지를 보내려다가 그냥 전화를 걸었다.

"진짜 핸드폰 잃어버린 적 없어? 와, 완전 무섭다."

라임도 엄마와 똑같이 내 번호로 전화를 받았다고 했다. 핸드폰을 잃어버린 적이 없다고 하니 보이스피싱이 무섭다며 자기 부모님에게 주의하라고 말할 거라 했다.

씻고 나와 침대에 눕는 대신 책상 앞에 앉았다. 3주 뒤에 시나리오 트리트먼트 합평이 시작된다. 트리트먼트가 축약

본이기는 하지만 대략 어떤 내용을 쓸지 정해야 한다.

음, 도대체 뭘 써야 할지 모르겠다. 우선 노트북을 켜 문서를 열었다. 이렇게 하다 보면 뭐라도 쓸 수 있겠지. 하지만 시간만 바지런히 지나갈 뿐 아무것도 떠오르지 않았다.

시나리오 창작 수업이 끝났다. 벌써 반이나 들었는데 아직 시나리오를 어떻게 써야 할지 조금도 감이 오지 않는다. 강사의 수업을 들을 때만큼은 '그래, 그거였어!', '맞아! 긴장감!' 하면서 고개를 끄덕이는데 시나리오를 쓰기 위해 노트북 앞에만 앉으면 머릿속이 하얘진다.

건물 밖으로 나오니 해성이 서 있었다. 수업이 끝나는 시간에 맞춰 와 있기에 따로 연락을 하지 않아도 된다. 나를 본 해성이 손을 흔들었고 나도 손을 들어 힘없이 인사했다.

"표정이 왜 그래?"

"아, 너무 어려워."

이상하게 배우면 배울수록 더 어려워지는 것 같다.

"대학생 때 영화 동아리였거든. 그때 선배들이 동아리 들어올 때는 영화는 나의 길! 하지만 나갈 때는 영화는 남의 길, 한다고 했는데 딱 그 심정이야."

해성에게 푸념했다. 영화 동아리에는 그냥 영화가 좋아서 들어갔을 뿐이다. 시나리오를 쓸 생각은 하지 않았기에 선배들의 그 말을 듣고 웃어넘겼다.

“가자. 시원한 맥주 마시면 좋은 아이디어가 떠오를지도 모르잖아.”

해성이 손바닥으로 내 등을 살짝 밀었다.

우리는 매번 가는 펍으로 향했다. 수요일마다 수업이 끝나고 해성과 여기로 오는 게 루틴이 되었다.

“저녁 안 먹었지? 피자 먹을래? 이 집 피자도 맛있는데.”

해성의 물음에 메뉴판을 보지도 않고 그러자고 고개를 끄덕였다. 수업을 듣고 나왔더니 기운이 쭉 빠져 뭘 고를 에너지도 없었다.

“곧 합평하는데 나 시나리오 하나도 못 썼어.”

난 울상을 한 채 말했다.

“다른 수강생도 마찬가지겠지. 잘 쓰면 수업 들으러 왔겠어? 그러니까 너무 걱정 마.”

해성이 테이블 서랍을 열어 포크와 휴지를 꺼내 내 앞에 놓아주며 말했다.

“제출까지 아직 2주 남았다면서? 갑자기 막 떠오를지도 모르잖아."

해성은 늘 괜찮다고, 할 수 있을 거라고 말을 해준다. 근거 없는 희망은 망상인데. 그렇다는 걸 잘 알고 있지만 이상하게 해성의 말을 듣고 나면 편안해진다. 그래서 나도 모르게 해성의 말에 귀를 기울이고 속으로 '조금만 더', '더 좋게 얘기해줘' 하고 바란다. 내가 강아지로 태어났다면 주인 옆에 딱 달라붙어 쓰다듬어달라고 안 떨어졌을 거다.

"기다려봐. 손이 네 생각을 못 따라갈 만큼 마구 떠오를걸?"

"말도 안 돼."

"아냐. 곧 그럴 날이 올 거야."

해성이 빙긋 웃으며 말했다. 살면서 해성처럼 내게 예쁜 말을 해준 사람을 만나보지 못했다. 다단계도 아니면서 이럴 수 있는 건가. 혹시 해성이?

"솔직히 말해봐. 해성이 너, 미래에서 온 나 맞지?"

"뭐?"

"미래에서 온 내가 아니고서야 나한테 이렇게 예쁘게 말할 수는 없어."

아무리 생각해도 그거밖에 없다. 유혜원 씨가 되어 열일곱의 나를 만났던 것처럼 해성은 10년 후의 나인지도 모른다. 내가 아니고서야 나에게 이렇게 다정하게 굴 수 없다.

"너, 유혜원이지? 몇 년도에서 왔어?"

내 말을 들은 해성이 당황한 표정을 지었다. 역시 맞았어. 열다섯으로 돌아가 만났던 해성도 나에게 참 잘해주었는데. 그렇다면 그때 만난 해성도 미래에서 온 나였나? 미래에서 온 나 두 명이 동시에 만날 수도 있나? 그건 좀 복잡한데.

그런데 갑자기 해성이 푸하하 하고 큰 소리로 웃음을 터트렸다.

"내가 너라고? 하여튼 너 진짜 재밌어. 어떻게 그런 생각을 하는 거야? 중학생 때도 너 재밌었는데. 맞다! 네가 웨스 앤더슨이 만든 영화 제목도 맞혔어. 〈그랜드 부다페스트 호텔〉이 나오기 한참 전에 네가 그 영화 이야기를 했었어."

얘도 참 별걸 다 기억한다. 난 그런 적 없다며 네가 착각하는 거라고 잡아뗐다.

"그런데 내가 하는 말이 예뻐?"

"다정하긴 하잖아. 그럼 뭐야? 설마 나 좋아하기라도 하는 거야?"

말이 헛나와버렸다. 미래에서 온 내가 아니냐고 물어본 것

보다 더 최악이었다. 이번 질문에 해성이 난감한 표정을 지었다.

"아, 내가 오해하게 한 거야? 미안."

둘 다 아니구나. 어색함을 어떻게든 없애야 할 것 같아 다른 말을 더 해버렸다.

"아냐. 농담이야. 설마 포교하려는 건 아니지?"

해성이 고개를 절레절레 저으며 그것도 절대 아니니 걱정하지 말라고 했다. 포교는 또 뭐야? 내 입아, 정말 왜 그러냐. 민망함에 얼굴이 뜨거워지기 시작했고 난 잠시만 화장실에 다녀오겠다고 말했다.

차가운 물로 손을 씻으니 조금 정신이 들었다. 무슨 헛소리를 한 거야. 날 좋아하는 게 아니냐고 묻다니. 맥주나 마시고 그런 말을 할걸. 하필 술도 마시기 전에 그런 소리를 하다니. 라임은 계속 해성과 내 관계를 의심했다. 아무리 중학교 동창이더라도 매주 만날 수는 없다며 해성이 나를 좋아하는 게 아니냐고 부채질했다. 라임에게 오늘 있었던 일을 말하면 얼마나 웃을지 상상이 되었다.

아, 그나저나 해성의 얼굴을 당장 어떻게 보지? 이럴 땐 뻔뻔해져야 한다. 농담이었다고 해야지.

테이블로 돌아왔는데 주문한 맥주와 피자가 나와 있었다. 그런데 해성이 핸드폰을 찾으러 가자고 했다.

"무슨 핸드폰?"

"방금 네 번호로 전화 왔어. 네 핸드폰을 가지고 있다던데?"

의자에 두었던 가방을 열었고 내 핸드폰은 그 안에 고스란히 있었다.

"내 거 여기 있는데."

해성이 고개를 갸우뚱했다.

"분명 네 핸드폰 번호였어."

내가 화장실 간 사이에 내 번호로 전화가 왔다고 했다. 엄마와 라임이 겪은 것과 같았다. 난 신종 보이스피싱이라며 신경 쓰지 말라고 했다.

"그런데 핸드폰 번호는 같을 수가 없는데. 유심을 복제하는 건 불가능해."

"그래?"

보이스피싱이라고 대수롭지 않게 여겼는데 해성의 말을 들으니 뭔가 이상했다. 그때 해성의 핸드폰 벨이 울렸다. 액정에 '유혜원'이라고 떠서 내가 받겠다고 했다.

"아, 핸드폰 왜 안 찾아가요? 전화를 몇 번이나 했는데."

나이 든 여자의 목소리다. 나는 조심스레 상대에게 물었다.

"거기가 어딘데요?"

미래에서 온 ___ 전화

이런 곳에 철물점이 있다고? 내 핸드폰을 가지고 있다는 철물점은 높은 건물이 즐비한 시내 한복판 1층에 있었는데 주변은 온통 요즘 유행인 브런치 카페나 옷 가게, 화장품 가게다. 이런 금싸라기 땅에 철물점이라니 어울리지 않아도 너무나 어울리지 않았다.

내가 아는 철물점은 보통 골목 구석에 위치해 있었다. 오래된 동네에 바깥에서부터 잡동사니가 어지럽게 쌓여 있고 들어가 보면 발 디딜 틈도 없어 한구석에 주인아저씨가 조용히 있다가 손님이 불러야만 나왔다. 하지만 여긴 이 동네와

이질감 없이 간판과 인테리어가 세련되었다. 하얀 바탕에 진한 분홍색 고딕체로 '다고쳐 철물점'이라고 적혀 있었지만 가게 인테리어만 보면 철물점이라고 생각하지 못할 것 같다. 어쩌면 이름만 철물점인가? 소품 가게인데 요즘 인기를 끄는 여느 가게들처럼 이름만 특색 있게 일부러 철물점이라고 했을 수도 있다.

내 번호를 사용하는 핸드폰이 있다니 찾아오지 않을 수 없었다. 우리 가족과 라임, 해성에게까지 내 핸드폰을 보관하고 있다고 전화를 했고 그냥 두었다가는 진짜로 피싱에 쓰일 수도 있다. 문제가 생기면 내 책임이 될 수도 있기에 복제된 내 핸드폰이라면 반드시 찾아와야 한다.

해성이 혼자 가도 괜찮겠느냐며 같이 와주겠다고 했다. 핸드폰을 미끼로 해서 나를 납치하려는 속셈인지도 모른다며 걱정했다. 해성의 말을 들으니 그런 걱정이 되긴 했다. 게다가 철물점에는 망치나 톱 같은 게 잔뜩일 테니까. 하지만 여기 철물점은 위치도 그렇고 바깥에서 안이 훤히 다 들여다보여 혼자 들어가도 괜찮을 것 같다.

해성이 일러둔 대로 가게 앞 사진을 찍었다. 해성은 혹시 모르니 도착하면 연락해달라고 했다.

-나 핸드폰 찾으러 잘 왔어. 여기 걱정 안 해도 될 듯.

해성에게 철물점 사진과 메시지를 보낸 후 철물점 문을 열고 들어갔다. 주인 할머니가 손바닥만 한 기계를 뜯어 수리하는 중이고 그 앞 소파에서 손님이 기다리고 있었다.

저 할머니가 전화를 건 사람일까? 백발의 단발머리 할머니는 머리카락이 하얗게 샜다기보다 일부러 은색으로 염색을 한 것 같았다. 위아래로 분홍색 아디다스 트레이닝복을 입고 있는데 얼굴에 주름이 없었다면 할머니인 줄 모를 것이다.

아무래도 할머니의 일이 끝날 때까지 기다려야 할 것 같다. 나갔다가 다시 들어올까도 싶었지만 그사이 다른 손님이 오면 또다시 기다려야 할까 봐 그냥 있었다.

가게 안도 어렸을 때 봤던 다른 철물점과 달랐다. 예쁜 장식장 안에 물건들이 정리되어 있는데 하얀 바구니 안에 들어 있는 볼트와 너트는 마치 장신구 같다. 여기 있는 물건들을 옷과 가방에 하나씩 붙여도 이상하지 않을 것 같다.

딱 하나 어울리지 않는 건 오래된 텔레비전이다. 오른편 천장에 작고 뚱뚱한 텔레비전이 매달려 있다. 저 텔레비전은 도대체 언제 적 물건일까. 요즘 쓰는 컴퓨터 모니터보다 크기가 더 작았다.

어릴 때 살던 동네 철물점에도 저렇게 뚱뚱한 텔레비전이 있었다. 그 철물점은 할머니와 할아버지 두 분이 운영하는 곳이었는데 길을 잃고 헤매던 나를 할머니가 발견한 적이 있다. 할머니는 나를 가게 안으로 데리고 들어가 빨대 꽂은 요구르트를 하나 건네주었고 나는 그걸 쪽쪽 빨아 먹으며 철물점 안에 있는 텔레비전을 봤다. 뉴스를 보고 있던 할아버지는 나를 위해 만화 채널로 바꿔주었다. 나는 철물점 할머니와 할아버지를 몰랐지만 두 분은 오다가다 봤던 날 알고 있었고 건너 건너 전화번호를 알아내 엄마에게 연락했다. 엄마가 올 때까지 나는 요구르트를 네 개나 먹었다. 그때 요구르트가 참 달았는데.

그날처럼 텔레비전에서는 뉴스가 나오고 있다. 뉴스 앵커의 목소리를 듣고 있으면 절로 겁이 난다. 앵커의 목소리는 한결같다. 놀랍고 큰 사건이 아닐 때도 딱딱하게 말하니 듣고 있으면 긴장이 된다. 지금 앵커는 소비자물가지수가 올랐다는 소식을 전하고 있는데 글로 읽으면 그냥 넘길 것 같은 걸 엄중하게 말하니 '당장 지갑을 닫아라! 아껴 써라! 안 그러면 거지꼴을 못 면한다!'라는 경고를 듣는 것만 같다.

"결제 안 되면 다시 와. 안에 싹 고쳤어."

방금 할머니가 고친 기계는 신용카드 결제 단말기였다. 기다리던 손님은 기계를 받아 들고 가게를 나갔다.

-다음 뉴스입니다. 오늘 낮 오후 열두 시쯤 대찬동의 한 건물 옥상에서…….

뉴스를 보고 있는데 할머니가 내게 무슨 일로 왔느냐고 물었다. 뉴스를 보다 말고 할머니에게 핸드폰을 찾으러 왔다고 말했다.

"아! 드디어 왔구만."

할머니는 서랍에서 빨간색 핸드폰을 꺼내 탁자 위에 올려놓았다.

"여기."

이건 내 핸드폰이 아니다. 지금 내가 쓰는 것은 구형 모델인데 이건 최신 핸드폰이다. 게다가 빨간색이라니. 이런 튀는 색을 나는 사지 않는다.

혹시 이게 그건가? 금도끼 은도끼 같은? 이 금도끼가 네 것이냐고 물어서 솔직하게 아니라고 말한다. 그럼 이 은도끼가 네 것이냐고 물어서 또 솔직하게 아니라고 말한다. 이번에는 진짜 도끼를 주며 이 도끼가 네 것이냐고 물어 맞다고 대답하고 산신령은 진실함을 칭찬하며 선물로 금도끼와 은도끼, 진짜 도끼 세 개를 모두 준다.

"이건 제 게 아닌데요."

난 사실대로 말했다. 신형 핸드폰이 탐나긴 하지만 전래동화처럼 되길 바라서가 아니다. 요즘 세상에는 솔직하게 말해야 한다. 거짓으로 다른 사람 물건을 가져오면 '점유물이탈횡령죄'가 되니까.

"그럼 왜 찾으러 왔어?"

"아, 그게 제 번호로 자꾸 주변 사람들에게 전화가 와서요."

할머니는 핸드폰이 잠겨 있어서 긴급통화를 눌렀을 뿐이고 그때마다 전화 받는 사람이 다 달랐다고 했다. 긴급통화는 119에만 연결되는 게 아닌가?

"그럴 리가 없는데."

혼잣말을 하며 탁자 위에 있는 핸드폰을 집어 들었는데 내 얼굴을 인식한 핸드폰의 잠금이 해제되었다. 깜짝 놀랐다.

"아니긴 뭐가 아냐? 자네 게 맞잖아."

옆에서 할머니가 주인 얼굴이 확인되어 잠금이 풀린 게 아니냐고 말했다.

전화 앱으로 들어가 연락처 목록을 확인했다. 내 연락처와 똑같다. 카카오톡도 마찬가지였다. 사진첩에 들어 있는 사진도 전부 내가 찍은 게 맞았고 메모장도 확인해보니 내 메모가 맞았다.

"이게 제 게 맞긴 한데."

"그럼 자네 거가 맞지. 쯧쯧. 또 저런 일이 생기면 어쩌누. 아가, 왜 그랬어. 아이구 딱해서 어떡해."

할머니는 나와 이야기하면서 뉴스 내용에 대해서도 말했다. 안타깝다는 듯 주먹으로 가슴을 여러 번 치기도 했다. 나도 뉴스를 봤다. 바리케이드가 처진 장면이 나왔고 기자가 상황을 설명했다. 요즘 저런 뉴스가 자주 나오고 있다. 먹먹해져서 어떤 말도 할 수가 없었다. 이번에도 너무 어린 사람이었다.

그 소식이 끝난 후 다른 뉴스가 나오기 시작했다.

"주인이 왔으니 찾아가야지. 다른 사람 물건 맡아두면 찜찜하다고."

하지만 내 핸드폰은 분명 내 가방 안에 있다.

"제 핸드폰은 따로 있거든요."

가방에 손을 집어넣었는데 핸드폰이 없었다. 가방 안을 샅샅이 찾았지만 핸드폰이 보이지 않았다. 가게 안에 들어오기 전에 핸드폰으로 해성에게 분명 메시지까지 보냈는데?

어리둥절한 채 서 있는데 다른 손님이 들어왔다. 이번 손님은 미용실 의자가 고장났다며 그걸 직접 들고 왔다.

"출장 부르지 이 무거운 걸 왜 들고 왔어?"

"바로 옆인데요, 뭐."

할머니가 왜 안 가냐는 듯 나를 쳐다봤다.

"안 가? 뭐 고칠 거 있어?"

"아뇨. 그렇지는 않은데."

"핸드폰 찾았으면 얼른 가. 나 바빠."

내 정보가 모두 그대로 들어 있으니 내 핸드폰이 맞는 건가? 아, 모르겠다. 할머니에게 감사하다는 인사를 한 후 핸드폰을 챙겨 나왔다.

어떻게 된 거지? 내 핸드폰보다 최신형이라 들고 나온 건 아니다. 내 정보가 있으니까, 내가 주인이라고 핸드폰이 인식하니까 들고 나온 것뿐이다.

메시지 함을 보고 있는데 해성과 주고받은 게 가장 위에 있었다. 가게 앞 횡단보도의 신호등이 초록불로 바뀌었고 길을 걸으며 메시지를 확인했다.

-학원 앞에서 열두 시에 만나^^ 점심 맛있는 거 먹자!

뭐지? 점심? 해성과 오늘 점심을 먹기로 약속했나? 해성이 보낸 시간은 낮 열한 시 40분이다. 날짜를 확인하니 31일이다. 어? 오늘은 24일인데.

핸드폰 첫 화면으로 돌아갔다. 거기에도 분명히 31일이라고 나와 있다. 그러니까 나는 일주일 후로 온 거다.

다시 철물점으로 가야 한다. 할머니는 뭔가 알고 있을지도 모른다. 아직 초록불이라 몸을 돌려 반대편으로 뛰기 시작했다.

"앗! 조심해요!"

사람들이 소리쳤고 고개를 돌려보니 커다란 트럭이 나를 향해 돌진하고 있었다. 지금 초록불인데! 몇 발짝만 더 뛰어가면 인도다.

하지만 트럭은 내 몸 가까이 다가와버렸다.

"괜찮아요?"

누군가 나를 흔들었고 눈을 떠보니 철물점 할머니였다.

"어? 사장님?"

"아니 왜 가게 앞에 쓰러져 있어요?"

양손으로 팔을 만졌다. 있다. 고개를 내려 다리 쪽을 봤다. 다리도 무사히 다 있다. 다친 곳은 없어 보였다. 아, 다행이다. 차 사고가 난 게 아니구나. 나는 몸을 반쯤 일으켰다. 내 몸은 멀쩡했다.

"아, 그게요……."

트럭이랑 부딪쳤다는 말을 하려다가 말았다.

"천천히 일어나. 갑자기 일어나면 어지러워."

할머니 부축을 받아 나는 완전히 일어섰다.

"철물점 사장님이시죠?"

"그렇지. 내가 여기 주인이지."

"아까 저 핸드폰 찾으러 왔었잖아요."

"무슨 핸드폰? 나 핸드폰은 못 고치는데. 그건 우리 가게에서 안 해. 내 전공이 아니야."

난 핸드폰을 보관하고 있다는 전화를 받아서 여기로 온 거라고 말했다.

"할머니가 분명히 제 핸드폰을 보관하고 있다고 저희 가족이랑 친구들한테 전화하셨잖아요."

"내가? 언제?"

할머니는 무슨 소린지 모르겠다는 얼굴이다. 쓰러지면서 머리를 다친 게 아니냐며 119에 전화해주느냐고 물었다.

"아니, 그게 아니라요. 할머니가 엊그저께도 하시고 어제도 하시고."

"자네 무슨 소리야? 핸드폰이라니?"

그때 내 가방 안에서 핸드폰 벨이 울렸다. 해성이다.

"혜원아, 핸드폰 찾았어? 아무 일 없는 거지?"

할머니가 이상한 눈으로 나를 바라봤다.

"어. 내가 좀 이따 다시 걸게."

통화를 마치자 할머니는 내가 들고 있는 핸드폰을 눈짓으로 가리키며 그게 내 것이 아니냐고 물었다. 이게 내 핸드폰이 맞다.

"할머니, 오늘 며칠이에요?"

"며칠이긴, 24일이지. 날짜도 몰러?"

핸드폰을 찾기 전인 원래의 시간으로 돌아왔다.

"아, 그렇죠. 제가 착각했나 봐요."

할머니에게 감사하다는 인사를 하는데 잠깐만 기다리라고 했다. 가게 안으로 들어갔다가 나온 할머니 손에는 요구르트가 들려 있었다.

"이거라도 좀 마셔. 놀랐겠네."

"네. 감사합니다."

얼떨결에 요구르트를 받았다. 도대체 어떻게 된 일인지 모르겠다. 난 요구르트를 마시며 왔던 길을 그대로 걸었다.

다가오는 ____ 일들

철물점에 다녀온 지 3일이 지났다. 내가 미래에 머무른 건 고작 30분도 채 되지 않는다. 왜 나는 미래로 간 걸까? 그 전 분실물은 모두 과거에 정말로 잃어버린 것들이었다.

어쩌면 일주일 뒤에 내가 차 사고를 당하는 건가? 그래서 조심하라는 걸까? 하지만 차 사고 말고도 계단, 엘리베이터, 싱크홀 사고도 있었다. 차 사고는 그냥 현재로 돌아오기 위한 수단이 아니었나?

아! 그 주 당첨되었던 로토 번호를 알아 올걸. 핸드폰으로 검색하면 바로 나왔을 텐데. 그때는 정신이 없어서 그 생각을 하지 못했다. 엊그제 토요일에 로토 당첨 발표가 있었다.

검색해보니 1등 당첨금이 50억이 넘었는데 13년 만에 당첨자가 나오지 않았다고 떴다. 손이 떨렸다. 내가 이 당첨자가 되었어야 하는데. 바보, 바보, 멍청이, 멍청이, 개멍청이. 천금 같은 기회를 놓치다니!

책상 위로 머리를 쿵쿵 박고 있는데 사무실 문이 열렸다. 박윤경 선생님이 들어왔고 난 얼른 몸을 일으켰다. 너무 세게 박았는지 이마가 아팠다. 손으로 이마를 살살 문질렀다.

"유 샘, 어제 누가 분실물 찾으러 왔었어."

박윤경 선생님은 학생이 사진을 들고 왔다고 말했다. 일요일인 어제는 내가 학원 근무를 하지 않는 날이었다. 박윤경 선생님에게 다이어리 사진이었느냐고 물었더니 맞다고 했다.

"그래서 다이어리 주셨어요?"

"아니. 내가 그게 어디에 있는지를 알아야지."

내 책상 서랍을 열었다. 민트색 다이어리는 그곳에 그대로 있다.

"이름이 뭐래요?"

"안 물어봤지. 학생들 그런 거 물어보는 거 싫어하잖아."

"어떻게 생겼어요? 여학생이에요? 아니면 남학생?"

"여학생이었어. 머리카락이 어깨까지 오고 얼굴이 동그랬는데."

그렇게 생긴 여학생이 어디 한둘일까.

"유 샘 오늘 출근하니까 오늘 다시 오라고 했어."

"네. 혹시 저 없을 때 그 학생 오면요, 여기 있으니까 주시면 돼요."

박윤경 선생님에게 서랍 속 다이어리를 보여주며 말했다.

저녁 시간까지 계속 사무실에 있었지만 다이어리를 찾으러 온 학생은 없었다. 혹시나 내가 없을 때 왔다가 허탕을 치고 돌아갈까 봐 화장실도 가지 않고 내내 사무실에 있었다.

서랍에서 민트색 다이어리를 꺼냈다.

-지겹다. 지겨워죽겠어. 내일 아침 눈뜨지 않으면 좋겠어. 조용히 다 끝나버리길…….

-그만 좀 해. 다 짜증 나. 다 죽여버리고 싶어!!!!!!!

-닥쳐. 제발 좀 닥쳐. 내가 뭘 잘못했다는 거야? 그럼 나보고 어떻게 하라고?

다이어리의 주인인 2월은 지금도 같은 마음일까? 다이어리를 찾으러 온 걸 보면 마음이 달라져서가 아닐까? 지나 보니 다이어리에 쓴 상황이 다 해결되었고 그때 그런 내용을 쓴 것이 후회되어 찾으러 온 것일 수도 있다.

저녁을 먹으러 갔던 박윤경 선생님과 이미정 선생님이 돌아왔고 내게 저녁을 먹으러 다녀오라고 했다. 그사이 다이어리 주인이 올까 봐 신경 쓰였다.

"저기 선생님. 혹시 다이어리 찾으러 온 학생 있으면 여기 있는 거 주시면 돼요."

"알았어. 걱정 말고 다녀와."

엘리베이터 쪽으로 갔는데 학원 쉬는 시간과 겹쳐서 엘리베이터를 기다리는 학생이 많았다. 그냥 계단으로 걸어서 내려가는 게 나을 것 같다.

비상구 문을 열고 계단으로 내려가는데 해성에게서 메시지가 왔다.

-혜원아, 나 내일모레 지방 출장이 잡혔어. 이번 주는 같이 맥주 못 마실 거 같아 ㅠㅠ

괜찮다고 다음 주에 보자고 답 메시지를 쓰려는데 '괜찮아'가 자꾸 '괜타나'로 써졌다. 화면이 작아서 자꾸 오타가 났다. 천천히 'ㅌ'을 'ㅊ'으로 다시 쓰고 있는데 발을 헛디뎠다. 중심을 잡으려고 계단 손잡이를 급히 잡았고 그 바람에 손에 들고 있던 핸드폰이 떨어졌다.

"안 돼!"

3층 계단 난간 아래로 핸드폰이 떨어졌고 난 어쩌지도 못한 채 그대로 보고 있을 수밖에 없었다.

핸드폰이 깨지지 않았을 거라는 일말의 기대를 안은 채 1층까지 부지런히 달려 내려갔다. 1층 바닥에 핸드폰이 뒤집힌 채 떨어져 있었고 떨리는 손으로 핸드폰을 들었다.

액정이 산산조각 나 있다. 핸드폰이 켜지긴 했지만 화면을 제대로 알아볼 수 없었다. 거의 보이지 않았다. 아무리 구형 중 구형이었어도 아직 쓸 만했는데 한순간의 실수로 핸드폰이 날아가버렸다.

고쳐서 써야 하나 새로 사야 하나 고민하며 걷고 있는데 핸드폰 대리점 앞에 '오늘만 특가. 다시는 없을 기회'라고 적혀 있는 게 보였다. 핸드폰 가격이나 알아보려고 식당으로 가기 전 핸드폰 대리점에 들어갔다.

"저기 행사하는 핸드폰 어떤 거예요?"

"손님, 통신사 어디 거 쓰세요?"

사용 중인 통신사를 말했더니 점원은 통신사 변경을 하면 저렴하게 신형 핸드폰을 살 수 있다고 알려주었다.

"얼마나 싼데요?"

이번 달부터 미래를 위한 적금을 좀 부어볼까 했는데 다 틀렸다. 이렇게 나의 미래 준비가 한 발 더 멀어지는구나.

"아, 이번에 이동 지원비 나오고 24개월 약정 들어가면……."

계산기를 누르는 점원의 손가락에 집중했다. 점원은 82만 원에서 마이너스 40만 원을 누른 후 또다시 24만 원을 눌렀다.

"18만 원인데 24개월 할부니까 한 달에 7,500원만 내면 돼요."

"진짜요?"

월 7,500원이라는 말에 막혔던 속이 쑥 내려가는 것 같았다.

"혹시 따로 써야 하는 요금제 같은 건 없는 거죠?"

"없어요. 그냥 쓰고 싶은 요금제 아무거나 써도 돼요."

이 조건이라면 진작 핸드폰을 바꿨을 텐데. 아까는 망가진 핸드폰을 들고 울음을 터트릴 지경이었는데 새 핸드폰을 쓸 생각에 기분이 좋아졌다. 이런 걸 두고 새옹지마라고 하는 건가.

"그런데 이게 기계가 딱 한 대 남았어요."

점원은 그 조건으로 개통 가능한 핸드폰이 빨간색이라고 알려주었다. 내가 좋아하는 색상은 아니지만 월 7,500원이라면 똥색이라도 쓸 수 있다.

"하실 거예요?"

"네."

점원은 개봉 후에는 환불 불가라는 말을 하며 상자를 개봉했고 그 안에는 빨간색 핸드폰이 들어 있었다. 24개월 약정이라는 게 조금 걸리지만 할 수 없다. 인생이 원래 할부 아니던가. 내일의 내가 갚아주겠지.

점원이 유심을 옮겨주겠다고 해서 망가진 핸드폰을 꺼냈다.

"아휴, 완전히 망가졌네. 손님, 진짜 타이밍 딱 맞게 오셨어요. 오늘 하루만 프로모션 했거든요."

번호 이동이라 개통하는 데 시간이 조금 걸렸다. 개통하는 동안 쓰던 핸드폰에서 새 핸드폰으로 정보를 옮기기로 했다. 두 대를 옆에 갖다 대니 저절로 정보가 이동했다. 3년 전에 핸드폰을 살 때만 하더라도 백업한 자료를 다운받았던 것 같은데. 핸드폰만 구형이 아니라 내 정보도 구형이었다.

저녁 시간을 10분 남기고서야 개통이 완료되었다. 저녁 식사를 건너뛸 수는 없고 편의점에서 간단하게 삼각김밥이라도 먹어야겠다.

"자, 완료됐어요."

핸드폰을 받아 들고 가게를 나서는데 기시감이 느껴졌다. 철물점 할머니에게 받았던 핸드폰이 빨간색이었고 기계도 바로 이거였던 거 같은데. 뭐지? 핸드폰 조심하라는 계시였나? 찜찜한 채로 가게에서 나왔다.

학원 1층에 있는 편의점으로 들어갔는데 삼각김밥 딱 두 개가 남아 있었다. 저녁 시간이 지나 다 팔렸으면 어쩌나 싶었는데 운이 좋았다. 물 한 병과 삼각김밥 두 개를 계산한 후 편의점 안 간이 테이블에 앉았다. 급하게 밥을 삼키고 있는데 카운터 쪽에서 점원과 손님이 말하는 게 들렸다.

"삼각김밥 없어요?"

"네. 거기 없으면 없는 거예요."

"진짜 없는 거죠?"

"그렇다니까요."

어? 점원에게 물은 사람은 지난번 에어팟을 잃어버렸다고 했던 그 여학생이다.

“이다미?”

내가 부르자 아이가 내 쪽으로 고개를 돌렸다. 난 남은 삼각김밥을 흔들며 그 아이에게 말했다.

“이거 먹어요. 난 시간이 없어서 못 먹을 거 같아요.”

잠시 고민하던 아이가 내가 있는 테이블로 다가왔고 나는 남은 삼각김밥 한 개와 물을 같이 건넸다. 물 뚜껑을 아직 따지 않아 새것이었다. 난 의자에서 일어났다.

“그럼 먹고 가요. 난 저녁 시간이 끝나서. 여기 앉아요.”

내가 앉았던 곳을 가리키며 말했다.

“참, 에어팟은 못 찾았어요?”

“괜찮아요.”

“그럼 다음에 또 봐요.”

저녁 시간이 다 끝나가고 있었다. 나는 편의점에서 나와 급하게 학원으로 뛰어갔다.

자꾸 딴생각이 들어 수업에 집중하지 못했다. 어느새 두 시간이 지나가 있었다.

“자, 다음 주부터 합평 들어갑니다. 늦지 않게 메일로 보내주세요.”

다음 주부터 시나리오 트리트먼트 합평이 시작된다. 이름 순서대로 차례가 정해졌는데 다행히 나는 2주 차다. 이번 주가 아닌 다음 주 주말까지 메일을 보내면 된다. 시간을 벌어서 다행이라고 하기에 10일도 짧다. 아직 나는 써야 할 이야기 소재도 찾지 못했다.

수업이 끝나고 그대로 자리에 앉아 있었다. 이제까지는 해성이 기다리고 있어서 수업이 끝나자마자 바로 나갔지만 오늘은 출장을 가서 만나지 못한다.

다른 수강생이 모두 나간 후 강의실에는 나와 강사만 남았다. 가방을 챙기고 있는 강사 쪽으로 다가갔다.

"저기, 선생님."

"네?"

"저 뭘 써야 할지 모르겠어요. 시나리오 한 번도 안 써봤거든요."

"다들 그래요."

강사는 처음부터 완성본을 쓰려고 하지 말고 가볍게 줄거리부터 써보라고 했다. 그게 바로 트리트먼트라면서 말이다. 줄거리든 완성본이든 쓰고 싶은 게 있어야 뭐든 쓸 텐데 난 아예 그게 없는 게 문제다. 내 표정을 읽었는지 강사가 다른 말을 보탰다.

"그럼 직접 경험한 이야기부터 확장시켜 보세요. 저도 그랬거든요."

"네. 그래볼게요. 감사합니다."

강사가 먼저 나간 후 나도 가방을 챙겨 강의실에서 나왔다. 핸드폰을 켜니 해성에게 메시지가 와 있었다.

-혜원아, 수업 끝났어? 난 이제 천안에서 올라가고 있어. 내일 오전에 너희 학원 근처로 외근 가는데 점심 같이 먹을래?

난 좋다고 답을 보냈다. 내일 학원에 조금 일찍 출근하면 된다.

-몇 시쯤?

해성은 열한 시 반이 넘어야 끝날 거 같다며 열두 시쯤 만나자고 했고 나는 내일 보자는 답을 보냈다.

그 ___ 날

아침에 눈을 떴을 때 갑자기 걱정이 되었다. 오늘은 바로 차 사고가 났던 날인 31일이다.

신경 쓰지 않으려고 했지만 아무래도 신경이 쓰였다. 과거로 돌아갔을 때 일어났던 일은 그대로 일어났다. 미래로 갔을 때 봤던 일도 그럴까? 미래에서 받았던 빨간색 핸드폰을 정말로 갖게 되었고 그래서인지 찜찜함이 사라지지 않았다. 사고가 났던 철물점은 오늘 근처도 가지 말아야지.

학원까지 조심조심 왔다. 일부러 한참을 걸어 지하철역까지 가서 버스 대신 지하철을 탔다. 인도를 걸을 때도 최대한 안쪽으로 붙어서 걸었다. 학원을 하루 쉴까 생각도 했지만 학원은 철물점이 있던 동네와 멀었고 해성과 점심에 학원 근처에서 만나기로 했다.

너무 일찍 집에서 나왔나. 열한 시도 안 되었는데 학원에 도착했다. 근처 카페에라도 가 있을까 했지만 이달 지출이 너무 많았다. 게다가 엊그제 핸드폰까지 바꾸는 바람에 매월 7,500원을 더 쓰게 생겼다. 커피 값이라도 아껴야 한다. 어차피 박윤경 선생님과 이미정 선생님은 두 시에 맞춰 출근할 테니 한 시간 정도는 사무실에 가 있으면 된다.

이른 시간이라 학원가는 조용하다. 여긴 네 시부터 본격적으로 하루가 시작된다.

학원 건물로 들어와 엘리베이터 쪽으로 걸어갔다. 문이 아직 열려 있는 걸 보고 뛰어갔지만 그사이에 엘리베이터 문이 닫혔다. 엘리베이터는 마지막 층인 10층까지 올라갔고 거기에서 누가 타는지 잠시 멈춰 있다가 다시 내려오기 시작했다.

1층에 도착한 엘리베이터 문이 열렸다.

"어?"

엘리베이터 안에는 아는 사람이 타고 있었다. 며칠 전 편의점에서 내가 삼각김밥을 주었던 바로 그 아이다. 아이도 나를 알아봤는지 고개를 꾸벅 숙여 인사했다. 그런데 아이는 1층에서 내리지 않고 그대로 있다. 아까 10층에서 탄 것 같았는데 왜 안 내리지?

엘리베이터에 탄 후 사무실이 있는 5층을 눌렀고 아이는 10층을 눌렀다. 10층에 강의실이 있긴 하지만 이 시간에 수업은 없다. 첫 수업은 네 시부터다.

"학원에 뭐 찾으러 왔어요?"

"아, 네."

평일인데 학교를 안 간 걸까? 하지만 아이는 근처 고등학교 교복을 입고 있다. 아니면 오늘 일찍 끝났나? 물어보려다가 이내 그만두었다. 꼬치꼬치 물어보면 싫어할 테니까. 내가 싫어하는 건 남도 싫어한다.

고개를 돌려 흘끔 바라보니 아이의 얼굴색이 좋지 않다. 조퇴하고 집에 가면서 자료를 찾으러 왔나 보다. 수능을 앞둔 고3 중에는 조퇴를 하고 학원이나 독서실에서 공부하는 아이들이 종종 있다.

엘리베이터가 올라가는 데 시간이 제법 걸렸다.

"고3이에요?"

"아닌데요."

"그렇구나."

묻지 않겠다고 해놓고 물어보고 말았다. 아예 모르는 사이도 아니니 이 정도는 괜찮겠지.

"근데 우리 자주 마주치네요. 그렇죠?"

"네."

드디어 엘리베이터가 5층에 도착했고 난 다음에 보자는 인사를 하고 먼저 내렸다.

사무실로 들어와 환기를 시키기 위해 창문을 열었다. 언젠가부터 사무실에 오면 가장 먼저 창문을 연다. 나보다 늦게 출근한 이미정 선생님은 꼭 창문도 안 열고 뭐 하고 있었냐며 한마디씩 했다. 전에는 그게 잔소리처럼 느껴졌는데 이제는 왜 그렇게 말했는지 이해가 간다. 고인 물이 썩듯 공기도 그렇다. 창문을 연 이후부터일까? 이상하게 이미정 선생님이 덜 거슬렸다.

자리에 앉아 서랍을 열어보니 민트색 다이어리는 그대로 있다. 아직 찾아가지 않았구나. 어제는 내가 출근하지 않는 날이라 혹시 주인이 찾으러 오면 주라고 선생님들에게 부탁했다.

다이어리를 꺼내 한 장씩 넘겼다. 일기를 읽고 있는데 해성에게 메시지가 왔다.

-학원 앞에서 열두 시에 만나^^ 점심 맛있는 거 먹자!

이따 보자고 답 메시지를 쓰고 있는데 뭔가 기분이 묘했다. 핸드폰 자판에서 손을 뗐다.

어? 왜 이 메시지를 이미 읽은 것 같지?

갑자기 철물점에서 봤던 뉴스가 떠올랐다. 내 핸드폰이 아닌 걸 할머니에게 받고는 정신이 없어서 뉴스를 보는 둥 마는 둥 했지만 할머니가 연신 혀를 차는 바람에 함께 봤던 기억이 난다. 학원 건물에서 10대 여학생이 뛰어내렸고 학원 앞에 서 있던 20대 남자와 부딪쳤다는 기자의 목소리가 생생하다. 뉴스에 모자이크 처리된 학원 건물이 나왔는데 짙은 주황색이었다. 짙은 주황색 건물은 흔치 않다. 작년에 원장이 붉은색으로 이 학원 벽을 도색한다는 걸 선생님들이 말리고 말려서 주황색으로 했다고 들었다.

머릿속이 빠르게 움직이기 시작했다. 2월은 이월? 이WALL? 이담? 이다미? 그럼 2월이 이다미? 좀 전에 만났던 아이 이름이 이다미였는데!

다이어리를 손에 쥔 채 서둘러 사무실에서 나왔다. 10층에는 옥상으로 올라갈 수 있는 계단이 있다. 엘리베이터 버튼을 누르는데 손이 벌벌 떨렸다. 여학생과 부딪친 20대 남자가 설마 해성일까? 말도 안 돼. 왜 그런 끔찍한 생각이 드는 거야?

해성에게 여러 번 전화를 걸었지만 연결이 되지 않았다.

엘리베이터에 탄 후 10이 적힌 버튼을 누르는데 해성이 전화를 받았다.

"해성아, 여기 오면 안 돼. 우리 학원 앞으로 절대 오지 마. 지금 옥상에서 누가 뛰어내릴지 몰라. 그러니까 오지 마."

"그게 무슨 소리야?"

"내가 봤어. 미친 소리 같지만 봤다고. 너 오면 위험해."

엘리베이터에서 내린 후 옥상으로 가는 비상계단 문을 열었다. 이제 한 층만 오르면 옥상이다.

계단을 오르는데 다리가 후들후들 떨렸다. 제발 내 망상이기를. 제발 옥상에 아무도 없기를.

옥상 문 손잡이를 잡아 오른쪽으로 돌렸고 문이 열렸다.

다미는 난간 위에 다리를 바깥으로 내민 채 앉아 있었다.

"이다미!"

고개를 돌려 나를 바라본 다미가 배시시 웃었다. 다미가 웃는 건 처음 봤다.

"잘됐다. 나 유서도 못 썼는데. 언니가 우리 엄마, 아빠한테 대신 말해줘요. 미안하다고."

"내, 내려와. 내려와서 이야기하자. 응?"

급한 마음에 나도 모르게 반말이 튀어나왔다. 난 천천히 난간 쪽으로 걸어갔다. 난간에 앉아 있는 다미가 왜 그 시절의 나처럼 보일까. 다미가 아니라 10년 전의 내가 저기 앉아 있는 것만 같다.

손에 쥐고 있던 민트색 다이어리를 다미 쪽으로 들어 보였다.

"이거 네 거 맞지?"

다미는 천천히 고개를 끄덕였다.

"어? 지난번에 찾으러 갔을 땐 없다고 했는데."

"내가 갖고 있었거든. 주인 꼭 찾아주고 싶었어. 이거 가져가. 네 거잖아."

다이어리를 받으러 내 쪽으로 걸어오길 바랐지만 다미는 난간 위에 그대로 앉아 있다.

"네 일기를 봤어. 미안해. 그런데 꼭 내가 쓴 일기 같더라.

나도 그랬어. 나도 고등학생 때 죽으려고 한 적이 있어."

고1 때였다. 한동안 길을 걸으며 높은 건물만 찾았다. 내가 살던 빌라는 5층밖에 되지 않았으니까. 학교 건물도 마찬가지였다.

어디가 좋을까, 높은 곳 어디에 문이 열려 있을까 자주 생각했다. 하루는 교실에 있는데 숨이 쉬어지지 않았다. 여느 날과 똑같은 하루가 반복되고 있었지만 하필 그날 억눌렀던 게 터져버렸다. 5교시 수업이 음악으로 바뀌었는데 아무도 나에게 이야기해주지 않았다. 뒤늦게 점심을 먹고 돌아와보니 교실에 아무도 없었다. 반 아이들은 어디를 간 거지? 영어 선생님은 왜 수업에 들어오지 않는 거야? 영화처럼 다들 한꺼번에 어디론가 사라진 걸까? 교실 안에서 얼마나 혼자 기다렸을까? 5분? 10분?

복도로 나와보니 다른 반은 모두 수업 중이었다. 전부가 사라진 게 아니라 우리 반 아이들만 없는 거였다. 나만 빼놓고. 수업이 바뀐 걸 그제야 알았고 눈물이 주르륵 나왔다. 차라리 모두가 사라진 게 나을 것 같았다.

5교시가 끝나고 반 아이들이 하나둘씩 교실로 돌아왔다. 내가 음악 수업을 빠진 걸 아무도 신경 쓰지 않았다. 오직 출석부만 알고 있었다. 교탁 위에 출석부가 있었는데 그걸 열어보니 나는 5교시 수업을 무단으로 빠졌다고 체크되어 있었다. 무슨 정신으로 7교시까지 교실에서 있었는지 모르겠다. 아니, 6교시만 마치고 그냥 학교를 나갔나? 그건 기억이 나지 않는다. 학교와 집을 오가며 봤던 높은 건물이 떠올랐다. 바로 순댓국집 건물이다.

학교에서 빠져나와 곧바로 그곳으로 갔다. 그 건물이 12층이었나? 엘리베이터를 타지 않고 계단으로 천천히 올라갔다. 그때 나는 누군가 나를 잡아주길 간절히 바랐다. 비상계단으로 다니지 말라고 나를 막아주길. 하지만 계단에서 아무도 마주치지 않았다.

12층까지 올라갔는데 옥상으로 올라가는 문이 닫혀 있었다. 문이 열리지 않았을 때 다행이라는 생각이 들었고 그 앞에 주저앉아 한참을 울었다.

다미에게 그때 있었던 일을 이야기했다.

세 번째 분실물인 가방을 찾으러 갔다가 유혜원 씨로 지내던 날, 나는 순댓국집 건물에 가서 관리인에게 문을 잠가달라고 부탁했다. 이 근처 학교 선생님이라며 신분을 밝히고 학생들이 열린 옥상으로 올라가 담배를 피운다고 하니 관리인은 당장 잠그겠다며 열쇠를 찾았다.

"언니도 힘들었겠다."

"근데 지금은 아니야. 다 지나간 일이 되었어. 분명히 너도 그럴 거야."

다미가 고개를 절레절레 저었다.

"나는……. 나아지지 않을 거예요. 절대 좋아지지 않을 거예요."

"왜 그렇게 생각해? 너도 모르잖아, 네 미래. 살아보지도 않고 왜 확신을 해?"

"이제까지 그랬으니까. 다 엉망이었거든. 다들 날 싫어해요. 그리고 나도 내가 싫어."

이야기하는 사이 다미와의 거리가 점점 좁혀지고 있다. 이제 3미터?

"학교 못 다니겠어? 그럼 안 다녀도 돼. 졸업하면, 아니 학교만 벗어나면 반 아이들 따위 아무것도 아니야. 걔네는 네 인생에 별거 아닌 사람들이라고. 너 빼고는 다 그깟 거야."

내 말에 다미는 아무 반응도 하지 않았다. 표정이 없던 다미의 얼굴이 조금씩 일그러졌다.

"언니는 나를 모르잖아요."

나도 저 얼굴을 한 적이 있다. 비상계단을 한 계단씩 오르며 나는 촛농이 녹아내린 것 같은 저 표정을 지었겠지. 아까 다미는 10층에서 1층으로 내려왔다가 다시 10층으로 올라갔다. 그걸 몇 번이나 반복했을까.

"너 지금 무섭잖아. 이리 와. 내 손 잡고 내려오자. 응?"

다미가 손을 뻗으면 내 손을 잡을 수 있을 정도로 우린 가까워졌다.

"내 손 잡아. 천천히 이쪽으로 와."

다미가 나를 향해 오른손을 내밀었고 나도 다미에게 더 다가갔다. 다미는 내 손을 잡으려다가 다시 거두었다.

"언니, 근데 나는 자신이 없어."

다미가 그 말을 한 후 몸을 앞으로 기울였고 난 재빨리 움직여 가까스로 떨어지는 다미의 오른팔을 잡을 수 있었다. 하지만 다미의 몸은 이미 난간 바깥으로 나간 상태다. 다미는 왼손으로도 내 오른팔을 잡았고 다미의 무게가 고스란히 느껴졌다. 다미는 죽고 싶지 않다는 얼굴이다. 다미는 잔뜩 겁에 질려 있다. 나는 왼손으로 다미의 팔을 꽉 잡았다. 끌려가지 않기 위해 양발에 힘을 꽉 주어 바닥을 세게 밀었다. 끌어올려야 해. 반드시 올려야 해. 이를 악물고, 있는 힘을 다

해 버텼다. 다미는 그 시절의 나다.

제발 살아줘. 제발 한 번만 살아줘.

내 배를 난간에 더 바짝 붙인 후 힘을 주었다. 나는, 다미는 이렇게 떨어지면 안 된다. 하지만 손에서 조금씩 힘이 빠지고 있다. 이러면 안 되는데. 다미를 끌어올리고 싶지만 힘이 없다. 나는 아래를 내려다봤다.

다미 손에서도 점점 힘이 풀리는 게 느껴졌다. 내 팔목 위를 잡고 있던 다미 손은 내 손목으로 그리고 손가락 끝으로 내려갔다. 다미가 내 손을 놓았고 나는 다미가 떨어지는 것을 그대로 바라봤다.

미래에서 ___ 기다릴게

팔뿐만이 아니라 온몸에 힘이 하나도 없다. 병원에서는 이제 그만 퇴원해도 된다고 했지만 침대에서 일어날 기운이 없다. 눈도 못 뜨겠다.

"혜원아, 괜찮아?"

눈을 뜨니 해성의 동그란 분홍빛 얼굴이 보였다. 다행히 해성은 무사했다. 뉴스에서 본 일이 해성에게 일어나지 않았다.

"근육통이 심할 거래. 다행히 크게 다친 데는 없다니까 며칠 쉬면 될 거야."

"다미, 그 아이는?"

"지금 검사받고 있어. 그 아이도 괜찮을 거야. 고생 많았어, 혜원아."

다정한 해성의 목소리를 들으니 마음이 편안해졌다.

"네가 시간을 끌어줘서 다행이었어. 와, 진짜 조금만 늦었으면 큰일 났을 거야."

다미를 붙잡은 손의 힘이 점점 풀려가고 있는데 저 아래 무언가가 보였다. 소방차와 커다란 주황색 매트. 그걸 보고 다미의 손을 놓을 수 있었다. 아까 다미가 매트에 무사히 떨어진 것을 보고 정신을 잃었다. 그러고 눈을 떠보니 여기 병원 응급실이었다.

"고마워. 경찰에 연락해줘서."

옥상 계단을 올라가며 해성에게 전화를 걸었다. 내가 통화 종료 버튼을 누르지 않아 해성은 나와 다미가 대화하는 걸 듣게 되었고 학원 건물 옥상 난간에 앉아 있는 사람이 보여 경찰에 신고했다. 경찰서와 소방서에서 곧바로 출동했지만 매트를 설치하는 데 시간이 걸렸다. 매트에 바람이 다 들어가기 전에 다미가 뛰어내렸지만 내가 다미를 붙잡고 있는 사이 바람을 다 넣을 수 있었다고 했다.

응급실에 언제까지 있을 수 없었기에 해성의 부축을 받아 간신히 일어났다.

해성이 팔로 내 어깨를 감싸안았다. 해성과 바짝 붙어 있으니 심장이 빠르게 뛰었다. 이제까지 해성과 손끝 한 번 스친 적 없었는데. 머리끝부터 발끝까지 기운이 하나도 없는데 심장만 기운차다. 온몸의 세포 하나하나가 다 살아나는 느낌이다.

"아직 몸 불편하지?"

나도 모르게 숨이 가빠졌고 잠시 쉬어가고 싶다고 말했다.

해성과 함께 병원 안에 있는 카페로 왔다.

카페 안은 환자와 보호자, 병문안 온 이들로 붐벼 정신이 하나도 없었다. 이렇게 병원에 오는 사람들이 많다니. 학원가에 있으면 세상에는 온통 수험생들만 있는 것 같은데 아픈 사람도 참 많구나. 언제나처럼 세상은 내가 생각하는 것 이상으로 크다.

"혜원아, 뭐 마실래? 주스?"

난 좋다고 고개를 끄덕였다.

"앉아 있어. 내가 사 올게."

잠시 후 해성이 오렌지 주스 두 잔을 사 왔고 컵에 빨대를 꽂아 내게 건넸다. 시원한 주스를 마시고 나니 조금씩 몸에 기운이 도는 것 같았다.

"근데 너 회사 가봐야 하는 거 아니야?"

"지금 회사가 문제겠어."

해성이 어깨를 들었다 내리며 대답했다. 이곳에서 혼자가 아니라서 다행이다. 혼자 퇴원 수속을 마치고 걸어 나왔다면 되게 쓸쓸했을 텐데.

"네가 다치지 않아서 정말 다행이야."

해성이 내가 하고 싶은 말을 했다. 나야말로 해성이 무사해서 얼마나 다행인지 모른다.

"저기 혜원아. 있잖아."

해성이 할 말이 있는 것처럼 나를 부르더니 주스를 벌컥벌컥 마셨다.

"무슨 주스를 맥주처럼 마셔? 목 많이 말랐어?"

"그러게 말이야."

"너 땀도 나. 너도 아까 많이 놀랐지?"

나는 탁자 위에 있는 휴지를 해성에게 건넸다.

"나 너한테 거짓말한 거 같아."

해성의 말에 가슴이 턱 막히는 것 같았다. 드디어 올 게 온 건가. 라임이 말한 대로 다단계? 아니면 여자친구가 있는 걸까? 나는 눈을 지그시 감았다. 아직은 해성에게 어떤 말도 듣고 싶지 않은데.

"왜 하필 지금이야."

속으로 생각한다는 게 말로 나와버렸다.

"맞아. 여긴 좀 그렇지. 그런데 옛날처럼 타이밍 놓치면 안 되니까."

"옛날?"

해성이 무슨 말을 하는 건지 모르겠다.

"지난주에 내가 너 좋아하지 않는다고 했잖아. 그런데 아니었어. 아까 그 아이가 뛰어내리는데 너인 줄 알고 얼마나 놀랐는지 몰라."

내 입에서는 음, 아, 밖에 나오지 않았다. 얼음땡 놀이를 할 때 얼음, 하고 멈춘 것처럼 내 몸이 굳어버렸다.

"오늘 깨달았어. 내가 널 정말 좋아한다는 걸. 미안해. 여긴 이런 말 하기에 적당한 장소가 아닌데. 네가 나 말고 다른 사람한테 먼저 고백해버리면 안 되잖아."

웃음이 나왔다.

"너 예전 일 다 기억하는구나."

"그럼. 그때 내가 얼마나 속상했는데. 나 한동안 네가 엄청 미웠어. 네가 잘못한 것도 아닌데 말이야."

해성이 나를 따라 웃으며 지난 일을 말했다. 함께 햄버거를 먹던 해성은 그 이후로 어떤 시간을 보냈을까? 문득 해성이 지나온 시간들이 궁금해졌다. 앞으로 해성에게 그때 이야기를 들을 수 있을까? 그리고 나도 지난 내 이야기들을 약간은 호들갑스럽게, 조금은 담담하게 해성에게 들려주고 싶다.

다미가 입원해 있는 병원 앞에 도착했다. 원장은 큰일을 막아주었다며 내게 일주일이나 되는 휴가를 주었다. 다미의 일은 뉴스에 보도되지 않았다. 생각보다 그런 일은 자주 일어나고 그렇기에 매번 뉴스에 나오지는 않는다는 이야기에 씁쓸했다.

다미의 부모님에게 연락이 온 건 그 사건이 있고 이틀이 지난 후였다. 집에서 쉬고 있는데 박윤경 선생님에게 연락이 왔다. 다미의 부모님이 나를 만나고 싶어 하는데 내 전화번호를 알려줘도 되느냐고 물었다. 그리고 그날 다미의 부모님이 집 근처로 찾아오셨다.

다미는 다리에 살짝 금이 가긴 했지만 다른 이상은 없다고 했다. 다미의 부모님은 다미의 다이어리에 적히지 않은 이야기를 들려주었다. 다이어리를 잃어버리고 난 5월 이후로 다미에게 여러 가지 일이 있었다. 같이 놀던 친구들과 사이가 멀어지게 되었는데 그 아이들이 SNS에 다미에 관한 이야기를 올리며 괴롭혔다고 했다. 절벽에 간신히 버티고 서 있는 다미를 그 아이들이 밀어버리고 말았다. 하지만 다미의 부모님은 그 일들을 전혀 몰랐다고 했다. 이번 사건이 있은 후 다미가 그제야 털어놓았단다. 그 말을 전하며 다미의 엄마는 여러 번 눈물을 닦았고 다미의 아빠는 주먹을 몇 차례 꽉 쥐었다 폈다.

"다미 꼭 지켜주세요."

헤어지며 나는 다미의 부모님에게 이 말을 전했다.

다미는 심리적 안정을 위해 당분간 병원에 입원해 있을 거라 했다. 다미를 만나고 싶다는 의사를 전했더니 다미의 부모님이 병실을 알려주었다.

병실 문을 열고 들어갔다. 다미는 귀에 에어팟을 꽂은 채 태블릿 PC로 무언가를 보고 있었다. 가까이 다가가서야 내가 온 걸 알아차렸다.

"뭐가 그렇게 재밌어?"

"유튜브요. 엄청 웃겨요."

다미는 귀에서 에어팟을 빼며 대답했다.

"에어팟 찾았어?"

난 다미가 들고 있는 에어팟을 가리키며 물었다.

"아, 그거 거짓말이었어요. 이거 잃어버린 적 없어요. 분실물 함에 갔는데 다이어리가 없어서 대충 둘러댔던 거예요."

다미는 혀를 내밀며 겸연쩍어했다.

"다이어리 찾으려고 했던 거지?"

"내가 세상에 없는데 다이어리를 다른 사람이 가지고 있으면 안 되잖아요. 그래서 찾으러 갔는데 없어서 실행에 못 옮겼어요."

다이어리를 찾으려고 한 이유가 그거였다니 가슴이 철렁했다. 그날 다이어리를 관리실로 가져오길 잘했다.

"관리실로 사진 들고 찾아온 거 너 맞지?"

"네. 담당자가 없다고 다시 오라고 해서 못 찾았어요."

다미와 어긋났던 게 얼마나 다행인지 모른다.

"사실 그날도요. 며칠 전에 편의점에서 언니랑 나랑 만난 날 있잖아요. 삼각김밥 못 먹으면 죽으려고 했어요. 말도 안 되죠? 삼각김밥으로 그런 결정을 내리려고 하다니. 편의점에서 삼각김밥이 다 떨어졌다고 해서 돌아서는데 언니가 절 불렀어요."

편의점 일이 떠올랐다. 다미는 내가 준 삼각김밥이 너무 맛있었다고 말했다. 다미는 마음이 자꾸 이랬다가 저랬다가 바뀌었다고 했다.

"언니는 저를 두 번, 아니 세 번이나 살렸어요. 고마워요, 언니."

다미가 울먹이며 그 말을 했다.

"너 때문에 이거 봐라."

나는 티셔츠를 올려서 피멍이 든 배를 보여주었다. 난간에 매달려 힘을 주는 바람에 배의 핏줄이 다 터지고 멍이 들었다. 내 배를 보면 다미가 울음을 그칠 줄 알았는데 미안하다며 더 울려고 했다.

"으이구, 이건 다 나아. 걱정 마."

난 다미의 어깨를 두드려주었다.

"그래도 네 덕분에 유급휴가도 얻었어. 우리 원장님 그런 거에 얼마나 인색한데. 일주일 동안 푹 쉴 거야."

다미는 울다가 다시 웃었다.

"다미야, 그런데 또 나쁜 생각이 들지도 몰라. 그래도 견뎌. 버텨. 다 지나가. 정말이야. 나도 그랬거든."

그 말을 한 후 들고 온 쇼핑백을 다미에게 건넸다.

"이게 뭐예요?"

"새 다이어리. 이제 여기에 써. 네 민트색 다이어리는 돌려주지 않을래. 나중에 터널에서 나오면 연락 줘. 그때 줄게."

다미는 내가 준 새 다이어리를 한 장씩 넘겼다.

"언제라도 숨이 쉬어지지 않을 때 연락 줘. 내가 기다리고 있을 테니까."

나는 언제든 다미를 기다릴 것이다.

"그리고 다미야. 미래에서 네가 너를 기다리고 있어. 너 만나러 가야지."

다미는 내 말이 이해가 가지 않는지 살짝 눈썹을 찡그렸다. 언젠가 다미가 내 말을 이해할 날이 오겠지. 열일곱의 내가 지금의 내가 되었듯 다미가 무사히 미래의 자신이 되기를 바란다.

다미와 이런저런 이야기를 하다가 의사 회진 시간이 되어 병실에서 나왔다.

병원에서 나와 길을 걷는데 가을바람이 훅 불어왔다. 바람이 원래 이렇게 상쾌했던가. 바람을 맞으며 살아야겠다고 다짐한 어느 시인의 말이 떠오른다. 그 시인도 이런 바람을 느꼈겠지.

이제야 내가 떠났던 시간 여행들이 이해가 간다. 다미를 살리기 위해 떠났던 시간들이 나도 살렸다. 나는 나와 함께 살아낼 거고 살아갈 거다.

얼른 집에 가야겠다. 이번 주까지 제출할 시나리오 트리트먼트가 마구 생각나고 있다. 내가 겪은 일을 써야지.

제목은 이미 정했다.

'분실물이 돌아왔습니다.'

작가의 말

쓰게 될 이야기는 언젠가 쓰게 된다

2019년 치앙마이 카페에서

2019년 1월에 치앙마이로 여행을 갔다. 그 도시는 너무나 따뜻하고 다정해서 여긴 누군가를 미워하기에 적당한 곳이 아니라는 생각이 들었고, 순간 미운 사람 몇몇을 용서할 뻔했다. 치앙마이에는 20대 여행자들이 많았기에 나도 좀 더 일찍 이 도시를 알았으면 정말 좋았겠다 싶었다. 카페에 앉아 있는데 문장 하나가 포로롱 떠올랐다.

"나는 다 잊었어."

친구가 내뱉은 이 말에 속으로 나는 아니라고 생각하는 주인공이 그려졌고, 이 대화와 주인공을 데리고 한국으로 왔다.

어떻게든 치앙마이를 배경으로 한 이야기를 써야겠다는 생각에 여러모로 궁리했다. '대학 시절 빌려준 돈을 떼먹고 도망간 선배가 치앙마이 나나정글에서 셀러를 하고 있다. 모든 걸 잃은 '나'는 우연히 SNS에서 이 소식을 발견하고 곧장 돈을 받으러 치앙마이로 떠난다'까지 떠올렸다. 하지만 더 이상 이야기가 나아가지 않았다. 소설에서 보여줄 만한 별다른 사건이 없었고, 성인을 주인공으로 하는 소설을 쓰면 과연 출판이나 될지 자신이 없었다. 등단 후 20대가 주인공인 〈뒤에서 뭐 하니?〉라는 소설을 써서 투고했는데 여덟 군데 출판사에서 거절당해 원고들의 무덤에 들어갔다. 그 작품처럼 세상에 나오지 못할 거라면 굳이 뭘 쓰나, 싶어 마음을 접었다. 대신 치앙마이를 배경으로 하는 다른 청소년 소설을 썼다.

2022년 5월 광화문 술집에서

아이가 초등학교에 입학했다. 아이는 자주 물건을 잃어버렸다. 신발주머니, 점퍼, 물통, 실내화. 아직 어리니까 그럴 수 있겠다 싶어 넘어갔지만 유달리 한 주 사이에 물건을 세 번이나 잃어버리는 일이 생겼다. 내가 인생의 롤모델로 삼고 있는 김혜연 선생님은 그 일로 내가 투덜거리자 웃으며 말씀하셨다.

"혜정 씨, 괜찮아. 잃어버린 물건은 언젠가 돌아와. 좀 늦더라도 뜬금없이 찾게 되더라고."

그러면서 선생님은 이미 30대가 된 아들의 어린 시절 이야기를 해주셨다. 언제나 그렇듯 나는 선생님 말에 위로받기에 속상한 마음을 눌렀다. 그런데 그 말에 무슨 힘이 있었을까. 정말로 아이가 잃어버린 물건을 대부분 찾게 되었다. 우연이겠지만 신기할 뿐이었고, 잃어버린 물건에 관한 이야기를 써야겠다고 다짐했다. 나는 종종 잃어버린 물건들이 모여 있는 세계를 상상한다. 물건은 사라질 수 없다. 공간 이동을 해서 어딘가에 반드시 존재한다.

만약 잃어버린 물건을 찾으러 갔는데, 잃어버린 시기로 내가 돌아간다면?

이 이야기가 궁금해졌지만 시작하지 못했다. 언젠가 써야지 하며 이야기 씨앗 보관소에 담아두었다.

2023년 봄, 곳곳에서 뒤늦은 팬레터

2008년부터 청소년 소설을 쓰기 시작해 15년이 되었고, 내 책을 읽은 독자들은 어느덧 20대가 되어 있었다. 나는 10대 못지않게 20대 시절도 녹록지 않았기에, 20대가 된 그들의 안부가 궁금했다. 잘들 지내고 있을까.

그들의 소식이 하나씩 도착했다.

어린이, 청소년을 대상으로 강연을 했는데, 끝나고 사인을 받으러 온 분이 있었다. 내 강연에 오는 어른은 아이와 함께 온 부모님뿐인데 저 어른은 누굴까? 고개를 갸우뚱하고 있는데 "저 5년 전에 작가님 만났어요. 충주 독서캠프에서요" 라고 말했다. 중학생이었던 아이가 대학생이 되었다며, 인터넷 배너 광고에서 내 강연을 한다는 걸 보고 와주었다고 했다. 학교나 행사 강연 때 만난 작가 이름을 기억하지 못하는 이들이 대부분인데, 아직까지 나를 기억해주다니 그날 집으로 돌아가며 얼마나 벅찼는지 모른다.

새 책이 출간되어 EBS 뉴스에 출연하게 되었다. 신입 조연출님은 초등학생 때 내가 쓴 『하이킹 걸즈』로 독후감 대회에서 상을 받았고, 그 후로 글 쓰는 게 재밌어져서 국문과에 갔다며 나를 반겨주셨다. 내가 책을 냈던 출판사에 입사한 신입 편집자님은 10대 시절 내가 쓴 책을 너무 좋아했고, 지금도 매년 두 번씩 꺼내 본다며 긴 장문의 메시지를 보내주었다. 트위터로 DM을 보내주는 독자분들도 계신다. 10대 시절 내 책을 좋아했었다며, 검색해보니 내 계정이 있기에 메시지를 보낸다며 과거형으로 애정을 고백해 주신다. 그들의 가장 반짝이는 시절에 내 책이 함께 할 수 있었다는 것만으로도 괜히 뿌듯해진다.

갑자기 한꺼번에 뒤늦은 팬레터를 받은 기분이었고, 답장을 써야만 할 것 같았다. 아니, 답장을 보내고 싶었다.

그때 때마침 밀리의 서재에서 20대가 주인공인 소설을 써보지 않겠냐는 제안을 받았다. 첫 미팅에서 실은 이런 이야기를 쓰고 싶다며, 분실물을 찾으러 가는 인물 이야기를 했다. 당시 나의 고민은 주인공이 과거로 돌아간다고 해서 과거를 바꿀 수 없다는 거였다. 대부분 타임슬립물은 과거를 바꾸니까. 편집부는 "현재의 내가 바뀌잖아요. 그게 중요하죠"라고 말씀해주셨다. 그렇지. 과거를 바꾸려는 이유도 현재를 위해서지. 그렇게 『분실물이 돌아왔습니다』를 시작할 수 있었다.

이 글을 쓰면서 나는 아홉 살의 나, 열다섯 살의 나, 열일곱 살의 나, 스물일곱 살의 나를 다시 만나게 되었다. 과거의 '나'들은 참 수고가 많았고 기특했다. 10년 후 나도 지금의 나를 그렇게 여겨주지 않을까? 그렇게 생각하니 조금은 힘이 난다.

작가가 된 후 내내 이게 맞나, 하며 글을 썼다. 한 권의 책이 세상에 나와 독자에게 가닿는 건 쉬운 일이 아니었으니까. 다이어리에 가장 자주 등장하는 건 "나라도 재밌으니 그나마 다행이지 뭐"라는 자조 가득한 문장이다. 어느샌가 이 문장은 "나는 재밌으니 됐다!"로 바뀌었다. 30대 중반까지는 정답을 맞히지 못하면 어떡하나 벌벌 떨었던 것 같다. 하지만 이제는 '틀리면 어때', 나아가 여유까지 챙겨 '에이, 좀 맞게 해주지' 하며 너스레까지 떨 수 있다. 나이는 숫자에 불과하다는 말에 동의하지 않는다. 마흔이 된 나는 이제 관망하는 법을 배워가고 있다.

20대라 흔들리고 어려운 이들에게 꼭 말해주고 싶다. 그 혼란이 영원하지 않다는 것을. 시간이 지나고 나이가 들면 달라지고 나아지는 것들이 분명히 있다고. 10년 후 지금의 내 나이가 된 독자들이 내게 건네는 말을 상상해본다. 『분실물이 돌아왔습니다』를 읽고 20대를 잘 견딜 수 있었다는 말을.

그러니 부디 당신들이 무사히 청춘의 시기를 지나 나를 만나러 오기를, 당신의 중년과 노년을 만나러 가기를 간절히 바란다.

2024년 봄, 김혜정

독자의 글

우리 모두의 이야기

다음 다섯 편의 글은 밀리의 서재에서 진행한
'분실물 에피소드 사전 공모'를 통해 접수된 사연 중
김혜정 작가가 직접 선정한 사연입니다.

교복과 ___ 할머니

D*황금사자 지음

잃어버린 물건에 대해 곰곰이 생각하다가 불현듯 잊고 있던 기억이 떠오른다. 나의 것이었지만 나의 의사와 상관없이 내 손을 떠나버린 '교복'. 학교 근처에도 못 가봤다는 어른들의 세대가 아니건만 교복에 대해 이토록 큰 아련함이 남아 있는 건 처음으로 가져본 나의 '맞춤 교복'이어서 일지도 모른다.

나는 작은 시골 마을에서 자랐다. 그때는 지금과 달리 시골에도 어린아이들의 활기찬 소리가 많이 들려올 때였다. 아껴 쓰고 나눠 쓰자는 '아나바다 운동'이 한바탕 휩쓸고 지나갔고, 학교에서는 한 달에 한 번 바자회를 개최하는 시대 분위기가 있었다. 거기다 여섯 살 터울의 언니가 있던 내가 누군가의 옷을 물려받아 입는 건 새삼스러운 일이 아니었다. 나도 바자회가 열리는 날이면 사촌 동생에게 줄 작은 옷들을 찾아 이리저리 기웃거리기도 했다. 그러다 적절한 금액의 깨끗한 옷을 발견하면 값을 치르며 뿌듯함을 느끼고는 했다.

교복도 마찬가지였다. 중학교에 올라가기 전 겨울방학, 할머니는 마을 이웃에게 받아온 교복을 들고 집으로 오셨다. 누군가의 3년이 고스란히 담긴 그 교복은 또래에 비해 작았던 나에게는 길이며 폭이며 조금씩 컸지만 중학교에 올라가면 더 큰다는 부모님의 말에 나는 삐죽 나온 입을 다시 오므릴 수밖에 없었다. 한편으로는 매번 교복을 입고 함께 등굣길에 나서던 언니를 보고 자란 나도 이제 교복이 생겼구나 하는 설렘도 있었다. 중학교에 올라갔지만 안타깝게도 나는 더 이상 크지 않았고 어찌저찌 줄여 입은 교복과 함께 3년의 세월을 보냈다.

지금의 교복 마케팅은 잘 모르지만 예전에는 인기 많은 아이돌들이 저마다 교복 브랜드의 모델이 되었다. 교복 브랜드의 모델이 된다는 건 그 당시 인기의 척도였고 우리들은 각자의 오빠들이 모델로 있는 브랜드에서 교복을 맞추고 싶어 했다. 나도 응원하는 오빠들이 있었지만 엘리트든, 스마트든, 아이비클럽이든 브랜드는 아무런 상관이 없었다. 드디어 고등학교 교복을 맞춤으로 준비할 수 있게 된 것이다. 딱 맞는, 세상에 단 하나뿐인 교복 앞에서 브랜드는 뒷전이었다. 교복사에서 어정쩡하게 서 있던 나의 어깨와 양팔, 허리, 다리를 지나는 줄자와 그때마다 하나씩 칸이 채워지는 치수들. 1년마다 학교에서 실시하던 신체검사와는 완전히 다른 느낌이었다. 맞춤 교복을 받아 들고 처음 입어보던 날 거울에 새로운 교복을 입은 나를 몇 번이나 비춰봤는지 모른다. 이 옷을 입고 있으면 뭐든 다 할 수 있을 것 같은 이상한 자신감마저 들었다.

그렇게 설렘을 주던 맞춤 교복이지만 매일 입다 보니 차츰 무뎌지는 건 당연했다. 하지만 고등학교 3년을 기숙사에서 보낸 나는 곱게 다려 벽에 걸어둔 교복을 탁탁 두드릴 때만큼은 좋은 옷을 보듯 흐뭇함을 느끼곤 했다. 교복은 나에게 그런 옷이었다. 중학교, 고등학교, 평생에 딱 6년이라는 시간에만 허용된 특별한 옷. 작아진 몽당연필, 낙서로 가득한 노트 하나도 쉽게 버리지 못하고 의미를 부여해 간직하던 나에게는 교복은 옷 그 이상의 의미가 있었다. 그래서 교복이 사라졌을 때 꽤나 큰 상실감을 느꼈던 것 같다.

대학교에 올라가 얼마 되지 않았을 때였다. 한창 스무 살의 자유로움에 빠져 있다가 오랜만에 시골집을 찾았다. 그런데 내 방 옷장에 있어야 할 것이 없었다. 중학교 교복은 한 쪽 그대로 있는데 고등학교 교복이 보이지 않았다. 다른 데 넣어두었나 싶어 집에 있던 할머니께 물어보니 너무나도 덤덤한 답변이 돌아왔다.

"그거 ○○댁 손녀가 같은 학교 간다고 해서 줬지."

순간, 머리가 띵해지더니 서서히 온몸에 열이 오르기 시작했다. 울컥하는 마음에 왜 나에게 물어보지도 않고 줘버렸냐고 고래고래 소리를 질렀다. 갑작스러운 나의 행동에 할머니는 놀랐지만 나는 멈추지 않았다. 누군지도 모를 그 집에 가서 얼른 다시 받아오라고 고집을 부렸다. 하지만 이미 학기는 시작되었고 새로운 1학년을 맞이하는 이름 모를 그 아이에게 내놓으라고 할 수도 없는 상황이었다. 알지만 속상했다. 나의 소중한 일부가 사라진 느낌. 그러고 나서 철딱서니 없게도 한동안은 할머니에게 뾰로통하게 대했다. 할머니를 보면 교복이 생각났고, 그러다 보니 울컥했고 헛헛했다.

그래서인지 '교복' 하면 할머니가 자동으로 따라붙는다. 이제는 할머니도 곁에 안 계신다. 만약, 내가 이 책의 인물처럼 과거로 돌아가 다른 시선으로 그날들을 마주하게 된다면 무엇을 보게 될까? 어쩌면 할머니는 내색은 하지 않으셨지만 교복을 건넸던 그 집 할머니에게 다시 돌려주면 안 되느냐고 입을 옴짝하셨을 수도 있다. 어쩌면 교복을 입고 인사를 건네는 이웃 아이를 향해 편히 웃어보이지 못했을 수도 있다. 할머니도 그 교복을 보면 나를 떠올렸을 것이므로.

만약, 어딘가에서 "○○ 고등학교 김○○ 학생이죠? 여기 교복을 두고 가서 찾으러 오세요" 하고 연락이 온다면 하던 일을 제쳐두고 기쁜 마음으로 달려갈 것 같다. 달려가다가 서서히 걸음이 멈출지도 모른다. 잃어버린 물건은 언젠가, 만에 하나라도 돌아올 여지가 있지만 할머니는 다시 돌아올 수 없으니. 나에게 교복은 평생 찬란한 10대 시절이자 사무치는 그리움의 이름으로 남을 것 같다.

김혜정 작가가 전하는 말

아이돌이 광고하는 브랜드의 교복이 유행하던 시절 작은 시골 마을에 살고, 할머니와 함께 살던 게 저와 너무 비슷해 감정이입이 되어 울컥했어요. 다시는 돌아갈 수 없기에 더욱 그리운 그 시절 이야기를 담담하면서도 마음을 담아 잘 써주셔서 감사해요.

마음을 알아주는 ___ 그 어려운 일

지혜로운 주인공_423647 지음

"줘 봐"라는 말 한마디 없이 오른손을 아들 앞으로 들이밀었다. 집 근처 한적한 골목길에서 마주친 엄마를 보고 아들은 당황스러움을 감추지 못했다. 체념한 듯이 가방에서 담배를 꺼낸다. 그리고 건네준다. 열어보니 네 개비가 들어있다. "어떻게 구했니?" 화를 내는 목소리도, 톤이 높은 목소리도 아니었다. 평소 사이가 괜찮았을 때의 톤이다. "아는 형에게요."

"얼마에?"

"5천 원이요."

"그렇구나." 담배를 아들에게 다시 주었다. "늦지 마라."

그리고 나는 돌아섰다. 아파트 주민들의 편의를 위해 만들어진 샛길을 걸으며 생각했다. '집에 간식을 치워버려서 저 녀석이 담배를 피우나.' 5분 정도 지났을 때 아들에게 문자가 온다.

-엄마. 이거 진짜 오랜만에 한 거예요. 계속 참고 있었는데 그래서 딱 저것만 피고 안 하려고 했어요. 진짜 죄송해요. 이제 안 피울게요.

그 문자에 얼마나 울었는지 모른다. 아들의 저런 문자를 처음 받아보았기 때문이다.

아들은 올해 중3이 된다. 처음 담배 피운 걸 알고 지적하고 화도 내고 겁도 줘봤지만 쉽게 달라지지 않았다. 내가 뭘 잘못했을까? 뭘 얼마나 잘못 키웠길래 재가 저럴까? 공부도 못해, 담배 피워, 종일 스마트폰만 끼고 살아. 나의 바람과 다르게 커가는 아들을 마주할 때마다 자책과 눈물뿐이었다. 중학교 3학년을 앞둔 겨울방학이 시작됐다. 딱 일주일이 지나자 아들을 보고만 있을 수가 없었다. 이제 중3인데 이렇게만 지낼 거냐로 시작해서 결국에는 핸드폰 정지해버린다는 협박까지 하게 되었다. 평소처럼 말없이 듣고만 있던 아들은 그 말을 듣는 순간 떨리는 목소리로 말했다.

"나 좀 쉬게. 나 힘들었다고."

옳다구나, 말 잘했다는 심정으로 아들의 한마디에 열 마디, 스무 마디로 몰아쳤다.

"공부도 안 하고 학교 가서 잠만 자다가 오는데 뭐가 힘들어?"

역시나 아들은 방으로 들어가버렸다. 그런데 아들의 한마디에 나는 순간 움찔했다. 몇 초도 안 되는 그 순간 내가 중학생 때 친정엄마와 나누던 대화가 떠올랐다. 수십 년이 지나도 생생한 그날이다. 오랜 시간 병으로 힘들었던 친정아버지가 돌아가셨다. 가세는 기울었고, 혼자 남아 여섯을 키워내야 했던 친정엄마는 온종일 일에 매달리셨다. 그래서 사춘기를 겪고 있는 자녀들과의 소통도 힘에 부치셨을 것이다. 그해. 성적이 떨어진 나는 엄마에게 혼이 났었다. 나 역시 속상해서 대꾸 없이 엄마 이야기를 듣다가 억울하다는 듯이 한마디 했다.

"엄마. 나도 힘들어."

그 말엔 많은 뜻이 있었다. '성적 떨어지면 어때. 다시 하면 되지'라는 말을 듣고 싶다는 마음이었고, 아빠 잃은 슬픔을 엄마가 알아줬으면 좋겠다는 마음이었고, 엄마니까 나를 위로해주면 안 되겠느냐는 마음이었다. 그러나 엄마에게 기대했던 따뜻함은 없었다. 그래서 일부러 엄마가 하란 대로 하고 싶지 않았다. 지금 생각하면 철이 없기도 했다. 내 아들도 그러지 않았을까? 막무가내식으로 자신의 이야기는 듣지 않고 결국 답은 정해져 있는 것처럼 말하는 엄마에게 뭘 기대했을까? 처음으로 힘들었다는 아들의 말에 나는 얼마나 쏘아붙였는가? 그리고 또 습관적으로 자책하며 울었다. 그날 이후 어떤 결심을 한 것도 아니다. 어린 시절의 내가 떠올라 아들의 마음을 알아주고 싶었다. 그 마음만 먹었을 뿐인데, 아들만 보면 나도 모르게 내뱉었던 한숨이 멈췄다. 조금은 신경질적인 말투도 사라졌다. 네가 이기나 내가 이기나 해보자는 마음도 사라졌다. 그런 마음이 통했을까? 어느 순간 우리 둘은 대화라는 걸 하게 되었다.

아들은 먼저 다가와서 내게 말을 걸었다. 내게 원하는 것을 솔직하게 말하기도 했다. 나 역시 들어줄 수 있는 부탁은 시원하게 들어주었고 조건도 걸지 않았다. 그런 날들의 연속이었다. 그리고 아들의 담배 피우는 모습을 목격했다. 기대하지 않았지만 안 피우겠다는 문자도 받았다.

눈에 넣어도 안 아플 자식이라고 하면서 너무나 많은 조건을 걸었다. 공부 잘해야 한다, 친구를 잘 사귀어라, 학교도, 학원도 열심히 다녀라, 일찍 일어나라, 정리 잘해라 등.

잘 먹고 잘 자고 학교에 잘 다니는 것만으로도 감사할 때가 있었는데. 아이가 커가면서 점점 요구가 많아진다. 나 역시 부족한 것투성이인 채로 어른이 되었다. 그래도 내 앞가림하고 잘살고 있다. 아들이 바라는 건 그런 것 아닐까? 시간이 걸리더라도 지켜봐주는 것 말이다. 늦은 때라는 건 없다는 생각이 든다. 지금이라도 다행이다. 잃어버린 마음을 찾아서.

김혜정 작가가 전하는 말 ✦

"그때 나도 그랬지."
많은 어른들이 어린 시절이 없었던 것처럼 행동합니다. 처음부터 어른인 사람은 없는데 말이죠. 글을 쓴 독자님처럼 잃어버린 어린 시절을 기억하면 세대 갈등은 절반으로 줄어들 거 같아요. 저도 독자님의 글을 떠올리며 열 살 아들을 이해해보려고요.

지갑의 ____ 온기

빠안희 지음

몇 주 전, 오랜만에 집을 대청소한 날이었다. 옷장을 정리하려고 보니 입지 않는 옷들이 유난히도 많았다. 새 옷을 넣을 공간도 부족할 지경이라 안 입는 옷들을 깔끔히 처분하기로 했다. 금방 끝날 줄 알았는데 수많은 옷을 입을 옷과 안 입을 옷, 팔 옷과 버릴 옷들을 분류하고, 의류 수거함에 옷을 가져다 넣고, 남은 옷은 다시 정리하고 하느라 그만 한나절이 걸리고 말았다.

청소가 마무리되었을 때는 이미 해가 거의 다 진 뒤였다. 끼니도 거르고 온종일 애쓴 터라 밥 차려 먹을 힘도 없어 저녁거리를 사와 저녁을 해결하기로 했다. 나갈 채비를 하며 휴대폰과 지갑을 챙기려는데 지갑이 보이지 않았다. 30분이 넘도록 집 안 구석구석을 다 뒤져보았지만 지갑은 없었다. 분명 어제저녁 약속 자리에서 지갑 속 카드를 꺼내 쓴 기억이 있는데, 내가 지갑을 어디서 어쩌다 잃어버렸는지 도통 감이 오지 않았다. 혹시나 하는 마음에 정리해둔 옷들을 다시 꺼내 주머니를 하나하나 다 확인해보았지만 역시 지갑을 찾을 수 없었다. 아무리 찾아도 지갑이 보이지 않자 설마 주머니에 지갑이 들어있는 채로 옷을 의류 수거함에 갖다 버린 게 아닌가 싶은 지경까지 이르고 말았다. 버리려고 둔 옷 주머니에 어쩌다 지갑이 들어갔으며 심지어 그것도 모른 채 내가 그 옷을 버렸다는 건 그럴듯한 이야기가 절대 아니었다. 그러나 기억에 기억을 아무리 더듬어보아도 그것밖에는 지갑이 없어진 경로가 떠오르지 않았기에 마지막 희망이라는 생각으로 의류 수거함을 다시 찾아갔다.

옷을 한두 벌 버린 게 아닌데 그 많은 옷을 어떻게 다시 꺼낼 것이며 꺼낸다 해도 또 어떻게 하나하나 다 뒤져본단 말인가. 막막했지만 그렇다고 다른 방법이 있는 것도 아니었기에 터덜터덜 걸어가고 있는데 전화벨이 울렸다. 지역 번호로 시작하는 모르는 번호였다. 평소 같았으면 그냥 무시하고 말았을 모르는 번호. 그러나 왠지 모를 직감에 전화를 받았다.

"여보세요? ○○○ 님 휴대폰 맞으시죠?""

전화기 너머로 내 이름이 들리는 순간, 나는 내 직감이 조금씩 맞아가고 있다고 느껴 마음이 두근거리기 시작했다.

"아~ 네. 여기 ○○ 치과입니다."

전화를 준 곳은 뜻밖에도 치과였다. 1년 전에 스케일링을 받으러 딱 한 번 갔다 온 동네 치과.

"조금 전에 저희 치과로 000 님의 지갑을 주우셨다는 전화가 와서 연락드렸습니다."

"아, 정말요?"

"네. 지갑 안에서 저희 치과 명함을 발견하시고 이리로 전화를 주신 것 같아요."

"아아, 그렇군요!"

"네네. 저희가 전화 주신 분 연락처를 보내드릴 테니까 직접 연락해보시겠어요?"

이런 기가 막힌 타이밍에 영화 같은 일이 벌어졌다는 것에 놀라움과 지갑을 찾았다는 안도감, 그리고 도대체 어디다 지갑을 흘렸길래 치과로부터 지갑 찾아가라는 연락을 다 받은 건가 싫어 민망함이 동시에 들었다. 조금 뒤 치과 번호로 연락처가 적힌 메시지가 왔다. 바로 연락처로 전화를 걸었다. 신호가 얼마 가지 않아 전화가 연결되었다. 마치 내 전화를 기다렸다는 듯이.

"여보세요? 혹시 지갑 때문에 전화 주셨던……."

"네, 맞아요. 혹시 댁이 어디쯤이세요?"

"○○ 아파트 단지인데요. 편하신 곳 알려주시면 제가 받으러 가겠습니다."

"아니에요. 제가 가져다 드릴게요."

"네? 아뇨. 아뇨! 제 물건인데 제가 받으러 가야죠."

"아니에요. 제가 이따가 그쪽 지나갈 일이 있거든요. 그때 만나서 드릴게요."

지갑을 주웠다는 사람은 내가 몇 번을 사양했음에도 불구하고 직접 집 앞까지 가져다주겠다고 하였다. 결국 집 근처 초등학교 앞에서 30분 뒤에 만나 지갑을 받기로 했다.

지갑을 받으러 가는 길. 아무래도 답례하는 것이 도리인 것 같아 급히 집에서 유자차 한 병을 종이 가방에 담아 나왔다. 약속 장소에는 차 한 대가 정차되어 있었다. 지갑을 주운 나의 은인이 나를 발견하고 차에서 나왔다. 은인은 내게 지갑을 건네주며 혹시 없어진 건 없는지 확인해보라고 하였다. 어떻게 찾은 지갑인데, 지폐 몇 장 정도는 없어져도 전혀 상관없다는 생각이었다. 다행히도 지폐와 카드까지 모두 그대로 있었다. 지갑에 이상이 없음을 확인하고는 나는 감사함을 담아 고개를 숙이며 유자차가 담긴 종이 가방을 건넸다. 은인은 그마저도 사양하였지만 내가 연신 고개를 숙이며 내밀자 어쩔 수 없이 두 손으로 받아주었다. 차가 떠나는 모습까지 지켜본 뒤에야 나는 집으로 발걸음을 돌렸다.

잃어버린 물건은 언젠가 돌아온다. 하지만 물건에 발이 달려 스스로 돌아오는 것이 결코 아니다. 주인 잃은 물건을 발견하고 머무르는 오랜 눈길, 주인의 애타는 심정을 헤아리는 깊은 마음, 주인을 찾아주려는 따뜻한 수고로움을 타고 돌아온다. 지갑을 손에 들고 집으로 향하는 추운 길, 내 품으로 다시 돌아온 지갑에서 온기가 느껴졌던 것은 그러한 이유 때문이었으리라.

김혜정 작가가 전하는 말 ✦

세상을 살아가는 방법은 두 가지라고 생각해요. 선 혹은 악. 누군가를 미워하고 복수하려는 마음보다 감사함을 기억하고 받은 만큼 베푼다면 더 나은 세상이 될 거 같아요. 다정함이 담긴 글이었어요.

이런 걸 ___ 잃어버려도 되나?

앙치는 양아치 지음

나는 남의 삶을 항상 궁금해한다. 그런데, 왜 자꾸만 나의 삶은 잃어버린 것만 같을까?

좋아하는 것에만 몰두하여 달려온 치열한 10대 후반과 20대를 지나 얼마 전, 서른 번째 생일을 맞이했다. 감사하게도 스스로 좋아하는 것을 일찍부터 발견했고, 관련 학과로 단번에 진학했으며, 졸업 후 관련된 일을 꾸준히 해왔다. 그런데 문제는, 그러다 보니 꿈을 빠르게 찾아냈고 또 얻었지만, 나라는 사람을 잃어버렸다는 것을 서른이나 되어서야 알아차렸다는 사실이었다.

남들은 나를 부러워했다. 꿈이 있다고, 좋아하는 것을 일찍 발견했다고, 또 그것을 지속할 수 있는 환경에 놓여 있다고. 그렇게 내 삶을 내가 원하는 대로 꾸려갈 수 있는 프리랜서가 되었다.

하지만 나는 꿈이 없어서, 좋아하는 것을 아직 발견하지 못해서, 무언가를 지속할 수 없는 환경 속에 놓여서 이것저것을 시도하다가 자신에 대해서 알아가는 사람들이 부러웠다. 자신만의 취향을 좀 더 날카롭고 정확하게 알아가고 또 다듬어가는 사람들이 부러웠다.

서른, 나를 잃어버린 것만 같은 기분을 지울 수가 없다. 어떻게 해야 내 스트레스를 풀 수 있는지조차 모르니까. 꿈을 찾았다는 말은 나를 찾았다는 말과 동의어가 아닌 듯하다. 꿈은 꿈이고, 나는 나인가 보다.

나는 하고 싶어 하는 일을 하면서도 잘살고 싶은 마음이 굴뚝 같은 청년이다. 내게 주어진 일을 잘 활용해서 삶에 잘 녹여내보고 싶어 언제부턴가 남의 삶을 들여다보기 시작했다. 연예인들의 혼자 사는 삶을 비춰주는 예능이나 유튜브를 통해 이름도 모르는 사람들의 일상을, 때로는 초대받아 가게 된 친구의 집에서 그의 방과 노트를 들여다보았다. (물론 양

해를 구했고, 흔쾌히 보여주었다.) 그런데 그렇게 주변을 둘러 볼수록 나의 삶은 여전히 엉망인 듯했다.

내 삶을 잘살기 위해서는 많은 레퍼런스가 필요한 줄 알았다. 남의 삶을 끊임없이 들여다보면 내 삶을 잘 살아내는 법에 대한 힌트를 찾을 수 있을 줄 알았다. 그런데 들여다볼수록 더 무력감에 빠지고, 들여다보는 것만으로도 나는 조금씩 성장하고 있다고 자위하는 나를 발견하게 되었다. 내가 남의 삶이 그토록 궁금했던 건, 내 삶을 잃어버려서였다. 나는 나의 삶을 잃어버렸다.

그러나 내가 잃어버린 것은 반드시 언젠가 돌아온다. "잃어버린 물건은 언젠가 돌아온다"는 이 마법 같은 문장이 무력감에 빠진 나를 그렇게 설득한다. 이 글을 쓰며, 내 삶이 나에게로 돌아올 거란 잠잠한 확신이 들기 시작했다. 그리고 이것이 내가 잃어버린 '나의 삶'에 대한 돌아옴을 부추기는 방아쇠가 될 것만 같다는 기분 좋은 생각이 든다.

들여다볼 것은 남의 삶이 아니다. 원래 나에게로 왔던, 선물처럼 주어진 '나의 삶'. 그것을 진득이 더 들여다봐야겠다. 내 삶의 힌트는 내 삶 안에 있으니까.

잃어버린 물건은 언젠가 돌아온다.

김혜정 작가가 전하는 말

잃어버린 것을 절대로 찾을 수 없는 경우가 있어요. 언제일까요? 바로 잃어버린 줄도 모를 때죠. 잃어버린 것을 알아야 찾을 수 있답니다. 나를 찾으려고 다짐했다는 것만으로도 반 이상 찾은 거 같아요. 제가 좋아하는 소설 구절이 있어요. 윤이형 작가님의 『붕대 감기』에 나오는.
"너는 네가 되렴"이요.
이 말을, 글을 쓴 독자님에게 드리고 싶네요.

잃어버린 미소가 ___ 돌아왔습니다

welyrics 지음

예전의 나는 분명 잘 웃고 실없는 것에도 행복을 느끼던 사람이었는데 언젠가부터 나를 구성하고 있는 것이 무엇인지 알 수 없게 되었다.

간 수치가 높아지고 고지혈증이 걸린 뒤부터는 살아 있는데 죽은 느낌이었다. 뭘 해도 몸이 피로했다. '왜 나지? 왜 하필 나지? 더 일하고 싶은데, 더 일해야 되는데.' 아무리 원망해도 달라지는 건 없었다. '아직 스무 살인데, 죽기 싫은데.' 웃는 게 문제가 아니었다. 그전에 우선 살고 싶었고 살려고 애썼다. 가족에게 어떻게든 도움이 되고 싶었다. 그랬던 순간이 없었고, 항상 속만 썩였다는 사실을 잘 아니까. 사소한 부분에서조차 도움이 될 수 없으니 너무 괴로웠다.

한 번은 신께 이렇게 기도했다. '내가 너무 욕심이 많았습니다. 죄송합니다. 제발 한 번만 저를 살려주세요.' 그다음 날 병원에 갔다. 교대근무로 몸이 망가졌단다.

그렇게 회사를 그만두고 나서는 가족들도 내 모습을 보고 힘들어했다. 그 모습을 보고 있을 때 심정이 괴로워서 몸부림쳤다. 눈물을 흘리는 게 일상이었고, 괴로워서 무엇이든 해야겠다는 심정으로 공부니, 운동이니 시도해보았지만 예전만큼 몸이 움직여주지도 않았다.

마지막으로 실없이 웃어본 적이 언제더라? 기억도 나지 않았다. 기억날 리도 없었다. 3개월은 식도염 때문에 잠도 제대로 못 잤다. 퇴사하고 나서 집에 돌아왔을 때도 3개월은 간장약을 달고 살았다. 분실물이 한두 개가 아니었다. 너무 많아서 내가 잃어버린 물건을 일일이 셀 수도 없었다.

그런데 어느날 정말 가까운 곳에서 분실물을 발견했다. 바로 집 안에서였다. 내가 무표정에 아무 말도 하지 않고 있을 때면 엄마는 좋아하는 반찬이 무엇인지, 무엇을 먹고 싶은지 내게 물어봤다. 그렇게 미워하고 싫어했던 동생은 종이비행기를 접고는 늘 내 방에 찾아와서 같이 놀자고, 형이랑 노는 게 재밌다고 말해줬다. 할머니는 계란찜을 만들어주고는 나를 꼭 안으며 '사랑해'라고 얘기해줬다.

내 상태를 알고 나를 바라보는 가족들이 힘들어하는 분위기를 바꾸고 싶어서 가족을 위해 많이 웃으려 노력했고, 작은 것에도 감사하려 했다. 더 이상 그들에게 안 좋은 영향을 주고 싶지 않았기 때문에. 그렇게 애썼던 시간들이 사실은 나를 살리는 시간이었음을 알게 되었다.

'나 살고 싶었구나, 정말 살고 싶었구나.'

깨닫고 나니 그렇게 보잘것없던 삶이 아름답게 보이기 시작하더니 하루는 가족과 함께 요리하면서 당근을 썰다가 몇 년 만에 가족들 앞에서 크게 웃었다. 웃음이 실실 새어 나왔다.

동생은 엄마 뒤에서 신기한 눈빛으로 날 쳐다보더니 "형이 웃음 병에 걸렸어"라고 말했다. 나에게 온 병이 "웃음 병"이라면, 그저 좋다. 최고다. 행복하다.

내가 아무리 무너져도 날 사랑해주는 존재들이 있다. 죽어도 여한이 없다. 그간 무엇을 위해 그렇게 달려왔던 걸까? 문제는 해결되지 않았다. 어쩌면 더 많이 남아있을지도 모른다. 그래도 내가 기억할 수 있는 순간이 생겼다는 것, 우리 가족이 웃을 수 있고 함께할 시간이 아직 남아 있다는 것에 집중하기로 했다.

언젠가 혼자 맞이할 임종을 앞두고도, '그때 참 좋았는데' 하며 떠올릴 수 있는 순간이 생겼다는 것이 소중하다. 죽음의 순간에는 비록 혼자라도 모두가 함께 있었던 때를 돌아보며 행복해할 수 있다는 게 얼마나 귀한 축복일까?

평생 못 찾을 줄 알았는데 찾아서 정말 다행이다. 또 잃어버리려나? 뭐 어때, 한번 찾아봤는데 다음번엔 더 잘 되찾을 수 있겠지. 가장 소중했던 분실물, 내 미소.

김혜정 작가가 전하는 말

잃어버린 후 되찾았기에 소중함을 더 많이 느낄 수 있는 것 같아요. 살면서 또다시 잃어버릴지도 몰라요. 그래도 언제나 가족과 본가는 그 자리에 그대로 있을 거예요. 돌아가는 길만은 잃어버리지 마시길 바랍니다. 앞으로 몸도 마음도 건강하시길!

분실물이 돌아왔습니다

1판 1쇄 발행 2024년 2월 28일

지은이 김혜정
책임편집 한미리
기획 이은
마케팅 정진아 이유림 김수현 송지민

일러스트 리니(Rini)
디자인 데일리루틴
제작 세걸음

펴낸곳 (주)밀리의서재
출판등록 2017년 1월 5일 (제2017-000008호)
주소 (04036) 서울특별시 마포구 양화로 45, 16층(서교동, 메세나폴리스 세아타워)
전화 070-7510-5415
팩스 02-6455-5655
메일 contents@millie.town
홈페이지 https://www.millie.co.kr

ISBN 979-11-6908-381-2 (03810)

* 오리지널스는 여러분의 소중한 원고를 기다립니다. contents@millie.town으로 투고해주세요.